超大国

インドのすべてがズバリわかる!

モディが変えたこの国の未来

榊原英資
小寺 圭

協力 一般財団法人インド経済研究所

ビジネス社

はじめに

一般財団法人インド経済研究所理事長　榊原英資

振り返りますと、私とインドとの関わりは意外と長いのです。その最初は、１９７０年代の初頭、大蔵省から国際通貨基金（ＩＭＦ）へ派遣されたときでした。

当時、私の執務机の隣で仕事をしているインド出身の若い女性がいました。名をイシャー（Isher）と言いました。ときどき、その彼女を訪ねてくるブルーのターバンを巻いた若いインドの青年がいました。名をモンテック・シン・アルワリア（Montek Singh Ahluwalia）と言いました。彼がのちにイシャーの夫君となる人で、このとき世界銀行で最年少の部門課長として活躍していました。

モンテックは、のちにインドに帰国し、政府の計画委員会メンバーとしてラジブ・ガンジー首相の市場経済政策の立案と実行を支え、１９９１年の経済危機では商業省次官兼財務省次官として緊急経済改革チームの要《かなめ》として大活躍した人物です。

彼は、２００１年にいったんインド政府を離れ、ＩＭＦが新設した「Independent

Evaluation Office：独立評価機関（ＩＥＯ）」の初代局長に招聘《しょうへい》されます。２００４年にインドに呼び戻され、マンモハン・シン首相のもとで閣僚級の計画委員会副委員長として、計画委員会が改組される２０１４年まで常にインドの経済開発の前線で活躍してきました。

私は、ニューデリーを訪問すると、必ずといってよいほど彼のオフィスを訪ね、よくインドの将来の発展について話を聞いたものです。

インドと深く交わる機会は、大蔵省を退官した後に、もう一度やってきました。インド輸出入銀行の招きによりインドで講演会を行ったのちに、大手ＩＴ企業のひとつウイプロ社（Wipro）の社外取締役を務める機会を得て、さらに多くのインド経済人との交流が始まりました。

同社の社外取締役の職務を通じて多くの知己を得た私は、インド経済に大きな発展性があることを感じると同時に、当時の日本におけるインドの現状についての情報の少なさも痛感して、「インド経済研究所」を立ち上げることを思い立ちました。

嬉しかったのは、そのスタート当初に、インドの中央銀行である「インド準備銀行」（以下、ＲＢＩ）とＩＣＩＣＩ銀行の両行が、経済調査の職員を研究所へ派遣することを快諾してくれたことです。

これを機に私とインドの付き合いはいっそう深まり、おかげで当時のインド経済情報を盛り込んだ書籍『インド・アズ・ナンバーワン』を朝日新聞出版から刊行することもできました。２０１１年のことです。

また、２００７年2月にインド西部、グジャラート州の都市アーメダバードを訪問したときには、グジャラート州の首相をしていたナレンドラ・モディ氏（現首相）に単独会見をする機会を得ることができました。そこで私は、同氏が明確な国家ビジョンをもち、実行力に富む政治家であることに感銘を受けたことを今でも鮮明に思い出します。

こうして私のインドと人々との関わりを回顧してみると、幸運なことにインドの経済改革での中心的人物との関わりが深かったことになります。知らずしてインド改革のウィットネス（目撃者）になっていたのです。

さて、そのモディ首相の国民にアピールする強力なリーダーシップは、時に「ポピュリズム」とか「強権的」とメディアに指摘されることもあり、それは世界が心配する彼の一面でもありました。ただ、モディ首相が仮に強権的であったとすれば、与党が大幅に議席を減らした今度の総選挙（下院選挙）の結果は、インドの民主主義のシステムが正常に機能したということにもなります。

この結果、インドの政治は、10年ぶりに連立政権に戻ります。これが今後の土地問題や労働法改定問題などの改革にどのような影響が出てくるか。これを見極めるには、もう少し時間がかかると思います。

ただ、モディ首相は、連立政権をスタートさせるやいなや、今回の総選挙結果で有権者が示した問題点を、早速2025年度予算へ反映させる姿勢を示しています。そのリーダーシップはまだ健在という感じがします。過去の国民会議派時代の連立との違いは、おそらくモディ首相には依然としてリーダーシップを発揮する力があるということです。連立による政策へのコンセンサス形成の過程において、インドの改革のスピードが少し鈍化することはあっても、改革へ取り組む姿勢はそう変わらないと思います。

着目すべきは、インドは独立100周年の2047年までにDeveloped Nation（先進国）になるという明確な目標「Developed India（Viksit《ヴィクシット》 Bharat《バラト》）イニシアチブ」を国民に示していることです。

私は、製造業とサービス業のバランスの取れた経済発展があれば、おそらくこのイニシアチブの目標は達成できるだろうと期待しています。ということは、日本企業にとって市場としてのインドの魅力がますます大きなものになることは確実です。

またインドは「戦略的自律性外交」の下に国際政治社会でも存在感を増しつつあります。その最近の好例は、2023年のG20首脳会議議長国としての活躍です。数々の困難な状況下で共同声明を全会一致でまとめ挙げた手腕や、G20常任メンバーにアフリカ連合を組み入れたことなど、グローバルサウスのリーダー的存在としての活躍が際立ちました。

インドは歴史的に地政学には敏感であり、その意味で陸でのロシアと、海での米・日・豪パワーを平等に扱ってきました。またBRICSや上海協力機構のメンバーでもあります。不安定な国際社会にあって、こうした特色あるインド外交を、われわれ日本にも意義ある形で活かしていくためにどう向き合っていくのか。それも今後の大事なテーマとなってくるだろうと思います。

また、モディ首相は2070年までにネットゼロ（温室効果ガス・GHG純排出量ゼロ）を実現するという目標を掲げており、再生可能エネルギーへのエネルギー転換が促進されていくこととなります。

さまざまな改革を進め、変化し続けるインド。今やわが国にも大きな参加の機会をもたらす大国へと成長したのです。今後は2つの側面、すなわち経済的関係のさらなる緊密化と国際政治面での協力関係強化を軸に、誰しもがインドと日本の関係を考えていくことになるに違いありません。

ここまで、インドの大いなる未来について語ってきました。けれど、本文でも述べていますように、実は日本人が変わらなければインドとはうまいお付き合いができません。今までのようなアジアに対する入り方は通用しないのです。これはインドと長くかかわってきた私の実感です。

今回、元ソニーチャイナ会長で、長くインドを含む海外事業に身を置かれてきた小寺圭氏と対談する機会を得てインドの未来について話し合いましたが、そこはまったく同じ認識でした。

私はこれまで仕事柄、大企業の要人や著名バンカーと交わる機会が多くありました。本書を読んでいただきたいと願っているのは、そういう方々に加えて、インドに可能性を見つけたいと考えている小さな企業やベンチャーたち、すなわち未来ある若い人たちです。

本書が、多くの人たちがこれからのインドの将来性とインドビジネスを展望する上で、具体的、実践的な助けとなればこんな嬉しいことはありません。

２０２４年8月

—目次　超大国インドのすべてがズバリわかる！—

第2章

目覚める巨象の足跡 1991年の経済危機からモディ政権誕生まで

第3章

世界に羽ばたくインド人

第4章　勇気ある決断　日本企業のインド進出

第5章　第18代首相ナレンドラ・モディの改革

第６章 巨大化するインドのＩＴ産業と乗り遅れた日本企業

第7章

インドが描く大いなる未来「VISION OF INDIA」

最終章 インドの未来を拓く若者たち

あとがき 元ソニーチャイナ会長 小寺圭

序章

あるインド人家族の物語

榊原　小寺さんは最近10年ぶりぐらいにインドに行かれたそうですが、何か変化を感じ取られたことはありましたか？

小寺　大いにありました。

今回は私のソニー時代の友人、元部下のインド人を訪ねインド北部のチャンディーガルという町へ行き、彼と一緒に南部のケララ州へも旅行してきました。

彼は10年ほど前にリタイアし、もう20年ぐらいカナダに住んでいます。毎年冬には自分の実家のあるチャンディーガルという街に避寒に行っています。そこに、この冬、彼を訪ねたのです。彼の物語は、今のインド社会の一面をよく映し出していると思うので、ちょっと紹介します。

小寺氏の知人セティ氏とラヒール君

彼、アニル・セティはインドの工科大学を出てすぐの24歳のころに、インド人の出稼ぎが多く働くドバイに行き、ソニーの代理店に就職してサービスマネージャーの職を得ました。そのときの上司が私だったのです。その後、彼はサウジアラビア、ヨーロッパ、カナダそしてインドのソニー支社で働き、技術の分かるマネージメント職として着実に出世階段を上り、職責を果たしていきました。この時代、よくあるインド人の成功物語です。

榊原　彼にとってのドバイ行きは、単に出稼ぎ仕事が目的ではなかったのですね。

小寺　ええ。当時、世界ナンバーワンのエレクトロニクス企業であったソニーの代理店で働くことは、彼のエンジニアスピリットの血をわかせる仕事だったのです。

当時のインドにはまともなカラーテレビやビデオの製造会社はなく、日本製の家電商品は貴重な嗜好品《しこう》です。そのなかでもソニーのブランドは海外在住のインド人のあいだでは圧倒的な人気で、ソニーの商品は海外から持ち帰りたい商品リストのトップに挙げられていました。

そんな彼はサービスセンターの管理の仕事よりも、座学で得たエレクトロニクスの知識を実際の製品に触れて学べることに喜びを隠しませんでした。

榊原　カナダ在住ということですが、ご家族はどうしていらっしゃるの？

小寺　彼には2人の息子がおり、1人はアメリカの名門大学を2つも出て弁護士をする長男と、もう1人は医師になった次男です。子どもたちも、アメリカ社会でエリートコースに乗ったわけです。

榊原　なるほど。その父子の成功物語そのものが、インドという国の発展の過程とリンクしているということだね。

小寺　確かにそうです。しかし今回、私が彼の故郷の家を訪れて驚いたのはこの話ではないのです。

榊原　ほう。どんな話でしょう？

小寺　チャンディーガルのセティ氏の家は立派な3階建です。彼らがカナダにいる間、この家を守っているラヌーという名の使用人一家がいます。

セティ氏が友人から頼まれて3年前から雇っているもので、31歳の夫（ラヌー）、21歳の妻バビータ、6歳と2歳の男の子の4人家族です。夫婦2人ともハリヤナ州の貧しい農家の出で、どちらも小学校しか出ていません。

榊原　小学校卒ですか。

小寺　はい。それと、長男の年齢を不思議に思いませんか。

榊原　6歳というと、お母さんの年齢が……。

小寺　長男のラヒール君はお母さんが15歳で産んだ子なのです。発展途上とはいえ、インドにはまだ貧困層（1日1・9ドル以下の収入）が3億人近くいると言われています。彼らもそういう環境のなかに生まれ育ち、親からも見放され、何も分からないまま子どもを産んでしまった。インドの貧困の悲惨さを体現したような家族だったのです。

しかし、この家族は幸運にも裕福な海外成功者のセティ家に仕事を与えられただけでなく、ラヒール君はプライベートスクールで学ぶことができ、きわめて学習意欲が強い子に育ちました。

榊原　なるほど。使用人の彼がつかんだのは、恵まれた就職先というだけでなく、子どもの有力な教育者、メンターを得たことになる。

小寺　実に、そういうことです。

セティ氏は、この使用人の子ども、6歳のラヒール君に昨年から英語を教えはじめました。この子は毎日のように勉強をせがむだけでなく、セティ氏がカナダにいるときもZOOMでつながって毎日勉強しているのです。小学校もコロナ以来、週の半分がZOOM授業となっています。

つまり地方都市の小学校1年生でもパソコンやタブレットを使った遠隔授業が行われています。とくに私学においてはもう家にタブレットがあるとかないとか、通信事情がどうであるとかの議論をする余地もなく、教育のオンライン化は常識化しています。

榊原　本来なら学校にも通えなかった子どもなのですね。

小寺　学校やカナダにいるおじさん（セティ氏）とつながり、勉強ができる。そしてそのチャンスを逃すまいと猛烈に学習意欲を燃やしているのです。それがおじさんの時代からこの6歳の子どもにまでつながるインドのＤＮＡといってもいいでしょう。

榊原　戦前の日本にも少なからずみられた篤志家による教育支援だね。経済的成功者が生まれ故郷の子どもたちの学資の面倒を見るという。

小寺　そうですね。

それにしても、まだ公共インフラが決して完備しているとはいえないインドであるにもかかわらず、通信ネットワークや端末機器がここまで完備されているのは驚きでした。さらに驚いたのは、この子のお母さんです。昨日まで触れたこともないパソコンを1か月前からセティ氏に習い、エクセルを使って毎日家計簿をつけているんです。

電子機器はおろか英語もまったく話せず、算数もロクにできなかった21歳の小学校卒の母親がエクセルを使いこなす。これは驚き以外の何ものでもありません。つい先日は車の免許も取り、小さなスズキに乗って買い物に出るそうです。

榊原　ゼロを発見した国、インドの底力かな。インドと言うと2桁の掛け算がみんなができるとか言われているけど、何でもかんでもゼロの発見に結びつけるのはどうかと思う。けれど、今の話を聞いているとゼロの発見とやはり関係あるのかなと思ってしまうね。

小寺　チャンスさえ与えられたら爆発的に進化するインドのＤＮＡを、このセティ氏家族と使用人家族に見たという思いです。

榊原　日本では生徒に学校でパソコンを持たせるかどうか、長いこと議論があったように記憶している。ところがインドでは教科書が一足飛びにデジタル化されてしまった。これは、すごいことですよ。

小寺　そのとおりです。それは音楽でいえばレコードの時代を通らずにいきなりカセットテープの時代に入ったり、電話なら国中に電話線をひくよりいきなり携帯電話の基地局網ができてしまったりと同じで、段階的な発展じゃなくて飛び級的発展があるんです。

米国では大手ＩＴ企業のＣＥＯがインド系の人たちであったり、イギリスのリシ・スナク前首相もインド系であったりと、欧米とインドとの距離感が非常に近いように見えます。一方、日本人にとって、インドはとても遠い国のように感じられている。それは一体何に起因しているとお考えですか？

榊原　そうですね、明らかに中国や韓国に対する距離感とは違っています。もちろん、物理的な距離の問題もあります。仏教が天竺《てんじく》（インド）で生まれたといっても、実際にその教えにいろいろな解釈を加えて日本にもたらされたのは中国や朝鮮半島を通じてのことです。日本人から見ると、天竺ははるか彼方の知られざる土地と映っていたのでしょう。そのインド観は今もあまり変わっていない。

小寺　今の若い人たちにインドの印象を聞いてみても宗教色が強いとか、カーストの国だとか、貧富の格差がひどいとか、そういったステレオタイプの答えが多く返ってきます。

榊原　ひとつ考えられるのは、戦後日本がアジアの国々と向き合ったときには、発展した日本と発展途上のアジア諸国という関係で、いわば日本が技術などを教える教師的な立場にあった。

小寺　アジア諸国はそれを見習おうとする生徒的な立場だったわけですね。もちろん現在はその立ち位置は変化してはきていますが。

榊原　日本人には、アジアに対して上から目線で教えてやろうという気持ちが強い人も少なからずいて、それは日本人の経営者やビジネスパーソンの感性の問題といってもいいでしょう。

一方でインドにとって教師となるのは、あくまでも旧宗主国のイギリスです。インドには古い歴史と文化もあるし、日本の科学技術などは評価するにしても、一方的に学ぶべき国ではないという意識はあったと思います。

そういうインドを日本の側から見ると、何か一筋縄ではいかない国であり、意識構造が異なる人たちという認識が生まれてしまった。結局、上野動物園の象さんとか、ヒンズー教とか、カーストといった表面的なもので日本人のインドに対する理解が止まってしまったのではないですか。

小寺　言語にしてもそうですが、アジアの人たちは日本の科学技術や文化を学ぶためにも日本語を習得しようという意欲を強く持っていました。インドはよく言われるように多言語の国ではあっても、そのバックグラウンドには英語という世界最強の共通言語を「自国語」として持っていたので、日本語を習う必然性がない。

また、私の長いインド人との付き合いのなかでも、たとえばカーストについて言えば、身近にいるインド人のカーストがなんであるかなど聞いたこともないし、インド人同士でもそれを気にしている様子なんかまったくありません。どうして日本人がそれほどカーストを口にするのか不思議です。「インドはカースト制度があるから仕事がやりにくいでしょう?」などと言われることには、大変違和感がありますね。

榊原　カーストについて言えば、昔はよく新聞広告で花嫁募集とか花婿募集のページとかが必ずあったけれど、もうああいうものはないのかな? あれはちょっとひどくて、自分のカーストとかも書かれてある。あれを見る限りは、カースト制度はインド人の間に根付いていると考えられてもしょうがないけれど、今はもうああいうものはないのかな?

小寺　私も以前、そういう新聞広告よく見ましたけれど、今は見ないですね。

カーストどころか写真も大きく出ていましたし、年収とかも書かれてあり、個人情報丸出しでした。でもさすがに今は、そういう広告はないし、カーストを書くことは禁止されているのではないでしょうか。ただし今はマッチングアプリのようなものもインドにはあるらしいので、今後インドも多様性や個人情報をどう扱っていくか、課題も出てくるでしょう。

しかし現実問題として、カースト的なものは結婚相手を見るときには大いに気にするみたいです、とくに親のほうが。ただ都会では、最近は諸外国とまったく同じで、若い人の間では結婚せずに同棲《どうせい》するカップルや、異なる宗教間での結婚とかもふつうにある様子です。われわれ自身も認識を新たにさせられることが起きているようです。

榊原　いずれにしても現代インドの実相を知る上では、小寺さんの話されたアニル・セティ一家とラヌー一家の話は大変参考になりました。

ラヌー一家（セティ氏の使用人家族）

榊原英資氏（右）と小寺圭氏

第1章

近代以降の日本とインドの関わり

インドの独立を成しとげた偉人たち

榊原　日本人の持つインド観という話について、近代に入ってからの日本とインドの関わりを少し振り返ってみましょう。

第二次世界大戦の前からインド独立運動が盛んになってきて、指導者のラース・ビハーリー・ボースやチャンドラ・ボースが助けを求めて来日します。でも、日本は現実的に見ればインドの独立を助けるほどの余力がなく、結果としてチャンドラ・ボースは台湾から旧ソ連に向かう途中の飛行機事故で命を落とし、ラース・ビハーリー・ボースは新宿の中村屋の娘と結婚し、日本にカレー料理を残しただけで終わりました。

結局、チャンドラ・ボース流の「イギリスに対抗するためなら、ドイツであれ、日本であれ、旧ソ連であれ、誰とでも手を組む」という作戦はひとつも成功せず、終戦を迎えてしまったという歴史があります。

小寺　インドの独立は第二次世界大戦後に持ち越されました。

榊原　インド独立の志士と言えば、マハトマ・ガンジーとジャワハルラール・ネルー、そして今言ったチャンドラ・ボースの3人です。この3人の考え方あるいは生き方の違いはかなり鮮明ですね。

小寺　はい、ガンジーはインテリですが、根っからの大衆運動家です。ネルーは生まれがよくて英国風の教育を受け、国際感覚とバランス感覚を備えた政治家。チャンドラ・ボースは武力革命をめざした武闘派。そんなところが、一般的な見立てでしょうか。

榊原　ネルーは通算で10年に及ぶ投獄をされましたが、イギリスもそれなりの扱いをしていたし、彼へのリスペクトもあったと思います。牢獄も一般の犯罪者が入るようなところではなく、設備の良い

チャンドラ・ボース（1897〜1945年）。ケンブリッジ大学留学。マハトマ・ガンジーの反英不服従運動に感化され独立運動にかかわる。第二次世界大戦では枢軸国との接触を深める。終戦直後に台湾から旧ソ連に向かう飛行機事故で死亡。

ラース・ビハーリー・ボース（1886〜1945年）。若くして反英独立戦争を主導。1915年日本に潜入、第一次世界大戦終了とともに自由の身になり、1923年に日本国籍を取得。病気を患ったことでその後の活躍はない。

刑務所であったり、自宅軟禁みたいな感じだったようです。
小寺　ガンジーとネルーの関係でいえば、ガンジーはネルーにはとても真似のできない大衆運動をけん引したという意味で、ネルーはガンジーを大切にしていたと思います。
榊原　この3人以外にも、パキスタンを独立に導いたムハンマド・アリー・ジンナーも忘れてはならないと思います。独立パキスタンの初代総督となった人物です。ジンナーはネルーと一緒に国民会議派に属していたので、ガンジーをネルーから紹介されたとき、ガンジーはなにしろあの腰巻に裸足の格好ですから、ジンナーはガンジーをコテコテのヒンドゥ至上主義者だと畏怖《いふ》感を覚え、こんな人と一緒に国づくりなんてできないと思ったらしいのです。
小寺　実際には、ご存じのようにガンジーは宗教対立を最も嫌った人です。あの一見みす

インド独立の父と称されるマハトマ・ガンジー（1869〜1948年）。非暴力・不服従の反英独立闘争を主導し“偉大なる魂”と呼ばれる。

ぼらしい装いには深い意味が込められていました。「自分たちの着るものは自分たちでつくろう」というスワデシ運動のなかで織られたカディを身にまとっていたのです。非暴力・反英闘争の象徴でした。

榊原　ジンナーも裕福な家に生まれた弁護士で、粋なツートーンの靴を履くようなエリートですから、最初は「ネルーはなんでこんなみすぼらしい恰好の運動家を紹介するのか」と思ったのでしょう。

同様のことはガンジーがあの衣装と裸足でイギリスの国会に行った際にも起きました。議員たちから「失礼極まりない」と批判されて、誰からも相手にされなかったという話もあります。

小寺　たしかにこの3人を比べると個性の違いははっきりしています。世界的にはガンジーとネルーは独立

インド独立後の初代首相ジャワハルラール・ネルー（1889～1964年）。インド国民会議派議長で、インド独立運動の指導者。（外務省HPより）

の立役者として誰もが知っています。チャンドラ・ボースは世界史の陰に隠れた存在です。
しかし、実は現在の首相のモディはチャンドラ・ボースを高く評価しており、ネルーへの評価は非常に低いように思われます。モディ首相の演説のなかにネルーの名前はほとんど出てきません。

榊原　モディ首相はチャンドラ・ボースの名を冠した賞をいくつもつくっています。

小寺　第二次世界大戦後のイギリス政府も、物分かりのよいネルーよりも、チャンドラ・ボースの動きを強く警戒しました。つまり、チャンドラ・ボースは戦中にインド国民軍をつくったわけで、またそんな動きをするのではと恐れ、インドの独立を容認したと言われています。
モディ首相はチャンドラ・ボースの民族主義的な色彩の考え方に傾倒しているのではな

ムハンマド・アリー・ジンナー（1876〜1948年）。インド・ムスリム連盟およびムスリム連盟の指導者で、独立パキスタンの初代総督。パキスタン独立の父と呼ばれる。

いか。そう見て取ることもできます。すなわち彼が率いるＢＪＰ（インド人民党）の思想になっていると思います。

一方でネルーはＢＪＰの敵、コングレス（インド国民会議派）のリーダーですから、モディの口からネルーの名前が出ないのは当然です。おそらく、相性も悪いのかもしれません。ネルーはいわばグローバリストであり、常に国際平和を唱えるバランス外交を得意とし、一方モディはバリバリのインド民族主義者ですからね。

日本人が忘れてはならない パール判事

榊原　戦後の日印関係といえば、日本人が忘れてはならない人物は、日本の戦争犯罪を裁いた東京裁判（極東国際軍事裁判）のパール判事、すなわち、ラダ・ビノード・パー

ラダ・ビノード・パール判事（1886〜1967年）。東京裁判（極東国際軍事裁判）で判事を務め、戦勝国が「平和に対する罪」という事後法によって裁くのは国際法に反すると主張。

ル博士です。

小寺　ただ、インドでパール博士の名前を知っている人はほぼいません。

榊原　パール判事が東京裁判で主張した判断は、当時の日本人にとってさぞかし干天《かんてん》の慈雨《じう》だったのではないでしょうか。

小寺　軍事裁判において戦勝国が「平和に対する罪」という事後法によって裁くのは国際法に反するという主張です。おそらく今日の世界においても通用する、きわめて論理的で正当な見解だったと思います。

榊原　ただし、パール判事は日本の戦争犯罪そのものを否定しているわけではありません。また南京大虐殺なども誇張はあるとしたものの、その事実を否定はしていない。同時に広島・長崎の原爆投下をドイツのホロコーストに匹敵するものとして糾弾している。つまり、きわめて冷静に事実と論理によって戦争犯罪を見つめていたということでしょう。

小寺　しかし、戦後西側諸国のインドに対する同情心と独立支援の機運を失いたくないネルー首相はこのパール判事の説を苦々しく思っていたと言われています。それ以来パール判事の名前はインドの歴史からは消えてしまった観があります。

しかし反ネルーの色合いの強いモディ首相は、チャンドラ・ボースやインド国民軍と同時にパール博士の功績も最近になって言及しています。

榊原　モディ首相にとっては、パール博士も西側列強と戦った人物に見えているのかもしれません。パール判事の極東裁判におけるきわめて公平性をもった主張は現代にも十分に通じる論理です。

ネルーの平和五原則

小寺　ネルーの政治を現代風に言えば、グローバリズムとバランス感覚ということになるでしょう。彼はそれを肌感覚で持っていた政治家ではないかと思います。

東京裁判（極東国際軍事裁判）の法廷。1946年5月から1948年9月にかけて審理が行われ、東条英機元内閣総理大臣ら28名の戦争責任が問われた。

第二次世界大戦に際しても、インドの独立を最大の目標としつつも、英国との関係を決定的に壊す政策は取りませんでした。

常に世界情勢を冷静に判断し、間接的ながらもインド兵を提供するなど、枢軸国と戦う英国に協力的な姿勢も見せています。武闘派のチャンドラ・ボースと袂《たもと》を分かち、一方でジンナーの率いるイスラム勢力との関係においては、ガンジーが最後まで固執したヒンズー・ムスリム融和政策を理想論として排し、現実的な政策、つまりは国を分けるという判断を下したのです。

榊原　かといって、ガンジーを批判することは避け、むしろガンジーをインド独立運動の象徴的存在として立てることでバランスをとり、国内の安定と世界からの賞賛を勝ち取りましたね。

また独立後も、西側自由主義諸国と東側の社会主義諸

平和五原則（Five Principles of Peaceful Coexistence）

中国の周恩来首相とインドのネルー首相により1954年に合意された、一般の国際関係における原則を内容とする文書。

領土・主権の相互尊重 （Mutual respect for each other's territorial integrity and sovereignty）	領土保全及び主権の相互不干渉
相互不可侵 （Mutual non-aggression）	相互に侵略しない
相互内政不干渉 （Mutual non-interference in each other's internal affairs）	内政不干渉
平等互恵 （Equality and mutual benefit）	互いが平等で、互恵関係の構築
平和共存 （Peaceful co-existence）	互いに平和的に共存する

国の対立を見ながら非同盟中立という立場をとり、平和五原則（パンチシーラ）政策を唱えて中国とも接近を試みています。

加えてアジアの新興国家も仲間に引き入れ、非同盟国家の盟主と称賛されました。

小寺　今日の「グローバルサウス」に匹敵する新しい世界を築き上げようとしたわけです。このあたりが持ち前のバランス感覚を大いに発揮したところではあるのですが、やがてチベット問題や国境問題で中国との関係が怪しくなり、パンチシーラは自然消滅します。

今、モディ首相はこうしたネルーの政策を優柔不断で外部世界に媚《こ》びを売っただけの政策だったと判断しているようです。表面だってそう言っているわけではありませんが、モディのネルー評はきわめて低いのです。

まとめ

▼インド独立運動の指導者ラース・ビハーリー・ボースは独立支援を求めて戦前に来日したが、日本にはそれにこたえる実力がなかった。
▼インド初代首相ネルーの功績を、現首相のモディはあまり口にしない。
▼東京裁判のパール判事は戦勝国が「平和に対する罪」という事後法によって敗戦国の指導者を裁くのは国際法に反すると主張。

第2章

目覚める巨象の足跡

１９９１年の経済危機から
モディ政権誕生まで

1991年経済危機〜外貨準備が底をつく

榊原　それでは現代のインドに話を移しましょう。今は躍進目覚ましいインド経済ですが、それを達成するには、やはり、さまざまな政治の問題や矛盾を解決しなければなりませんでした。その過程をざっと振り返ってみたいのです。

小寺　それには、中国との比較で語るのが日本人にとってもっとも分かりやすいと思います。まず、今のモディ政権が誕生する前のインドの政治・経済を概観してみます。

インドは独立後、長い間、ネルーのつくったコングレス（国民会議派）の政権が続きました。長期政権は必ず腐敗します。ネルーファミリーによる世襲政治が続いてインドの政治は汚職体質になります。

そして社会主義的政策を長年続けてきたことの帰結として、縦割り行政、官僚主義、形式主義が蔓延《まんえん》し、極度の外資規制や国有企業優遇など、コングレス政治の問題点があらわになりました。

榊原　恒常的な外貨不足に陥り、経済危機を迎えます。1991年のことです。

インドと中国は偶然にも、ほぼ同じ時期に経済改革に着手しています。中国は、天安門事件（1989年）による経済制裁などを受け、1991年は経済回復が急務な状態にあったのです。

一方インドは、1989年の選挙でコングレスが敗北、弱小政党による統治で政局の混乱が続きます。財政は逼迫《ひっぱく》、その上に1990年の湾岸戦争の影響を受け、1991年に急激な外貨不足に陥り、どうしても経済改革へ踏み切らざるを得なくなりました。

小寺　IMFから10億ドルを借りるところまで追い詰められました。さすがに、これではだめだと、それまでの社会主義的政策から経済や貿易の自由化に踏み切ります。

榊原　そこで、経済成長の先輩である中国のこのころの動きを見ますと、翌年の1992年の1月に鄧小平《とうしょうへい》が「南巡講話」で改革開放政策への転換を宣言しています。「南巡講話」とは、鄧小平が1992年1月から2月にかけて武漢、深圳、珠海《チュウハイ》、上海などを視察して回り、重要な声明を発表した一連の政治的行脚のことです。中国の李鵬《りほう》首相が訪印したのもこのころです。

小寺　インドが鄧小平の改革開放政策に興味を持ったのは1980年代の前半といわれます。中国を大いに見習おうと考えた。そのあたりの詳しいお話をもう少し聞かせていただけますか。インドの政治経済にとっては重要な転換期になったと思われます。

榊原　ラジブ・ガンジー内閣で外相を務めていたナラシンハ・ラオが、毛沢東の後継者である鄧小平の新しい改革開放政策に注目していました。１９８８年、ラジブ・ガンジー首相が30年ぶりに訪中したときに彼も随行し、鄧小平とラジブ・ガンジーの会談を実現させました。鄧小平の改革政策を直に学んでもらったのです。そして１９９１年、インド経済危機勃発のとき、彼は首相指名を受けて改革の陣頭指揮を執ることになります。彼は欧米帰りの若手経済エキスパートを改革チームメンバーに抜擢し、その束ね役にマンモハン・シン財務相をあてたのです。このチームはわずか３か月で改革政策を打ち出し、実行しました。

まずは金を担保とした海外からの借り入れ、１９９１年7月の20％に及ぶルピーの切り下げ、そして企業の異種産業への進出を阻む許認可制度（ライセンス・ラジ制度）の廃止という思い切った政策を打ち出しました。

ライセンス・ラジ制度とは、政府が国内のあらゆる業種に営業許可を与える制度で、きわめて保護主義的な要素を持っています。インドは独立以来、この制度を基本とした政策を行ってきたものの、経済発展を阻害する要因にもなり、政治の腐敗をもたらしたとも言われている制度です。

ナラシンハ・ラオは、鄧小平の改革政策をそのままコピーしたわけではありませんが、政策を即実行に移すという鄧小平の姿勢をインドの改革に活かしたことは間違いありません。

小寺　その旧制度を廃止したときこそが、インド経済・政治の転換点だったのですね。

榊原　そうです。振り返れば、歴史的転換点です。

経済発展において、なぜインドは中国に後れを取ったのか

小寺　今のお話でも、1991年前後がインドにとっては大変重要な転換点になっていったわけですが、中国も1989年の天安門事件を経て改革路線に引き戻すことに苦労していた時代ですね。

おそらく、どちらの国も同じような政治の混乱を経て、同じように改革の必要性を意識し始めたと思うのですが、実際には中国とインドでは経済発展の度合いが大きく異なってしまいました。この中・印の違いは、どこで、どう起こったのでしょう。

榊原　それは面白い比較です。ここに「経済成長でインドはなぜ中国の後れを取ったのか」という表（P45）があります。これを見ながら説明させてください。

1990年ごろのインドと中国は、ほぼ同じような生産年齢人口を有していました。1人当たりGDPもインドが304ドル、中国が359ドルですから大差はありませんでした。それが2022年の数字を見ると、インド2411ドルに対して中国1万1560ドルですから、その差は4・8倍に広がってしまいました。

この違いを生んだのは何かといえば、表を見ていただければ分かるように、違いはFDI（Foreign Direct Investment：海外直接投資）のインフロー（流入）の差にあったのではと考えています。

小寺　つまりは外資誘致ですね。しかしインドも同じように外資歓迎の方向に舵《かじ》を切ったはずなのに、その中身が違うということでしょうか。

榊原　前述のように母親のインディラ・ガンジーを暗殺で失ったあと、1984年に首相となったラジブ・ガンジーは意欲的に経済改革を唱えました。そしてインド企業の異分野への新規参入を阻む許認可制度（ライセンス・ラジ）をなくして、民間企業の活力を利用していく必要性も認識していました。

ただ、これは既得権者が強い抵抗を示す政治的問題でもありました。当時、側近のモンテック・シン・アルワリア元計画委員会副委員長はその著書のなかで、「政治家としての

インドと中国の1人当たりGDP（単位：US$）

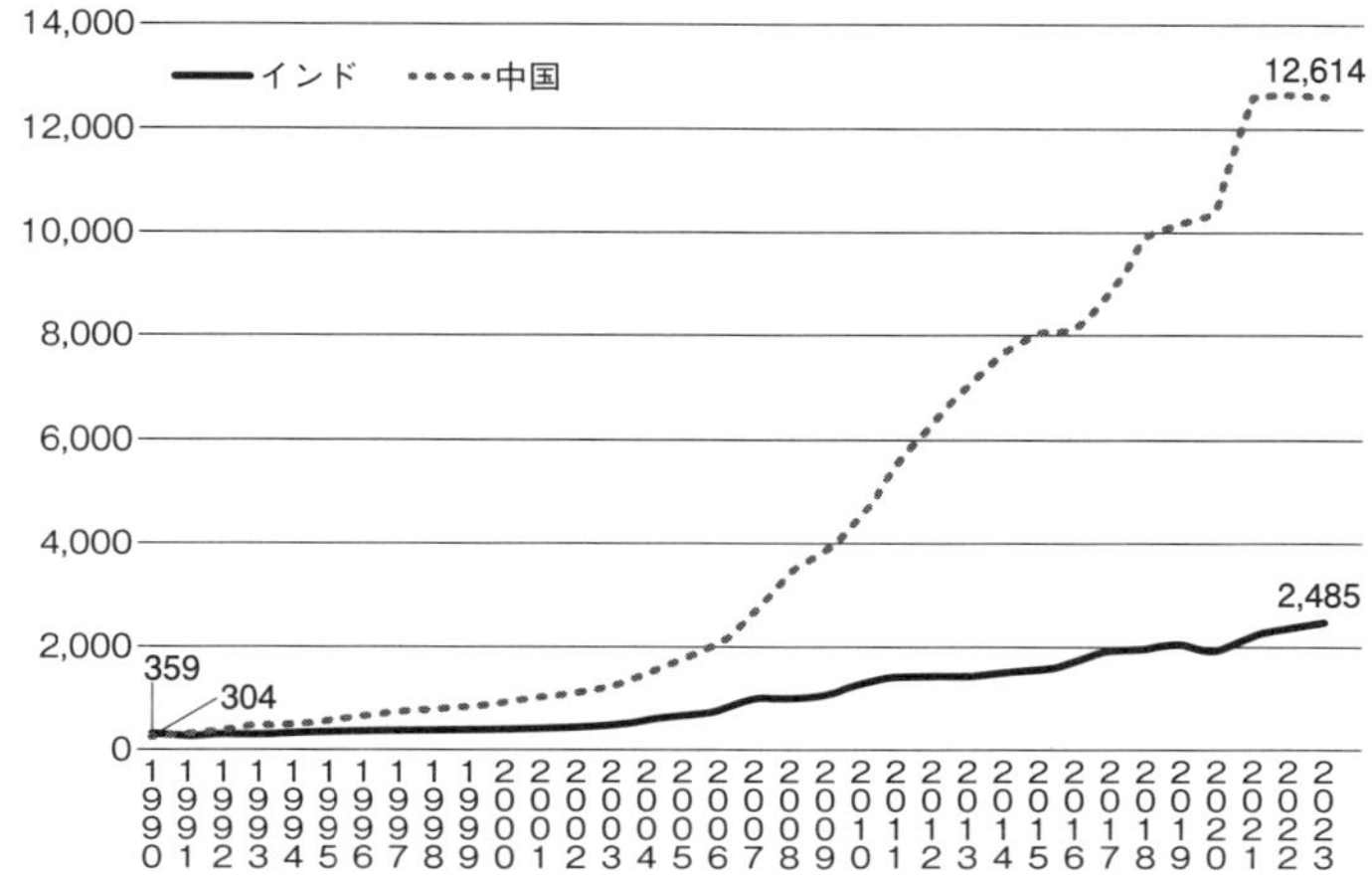

出所：一般財団法人インド経済研究所

海外直接投資推移　インドと中国の比較（単位：US$億）

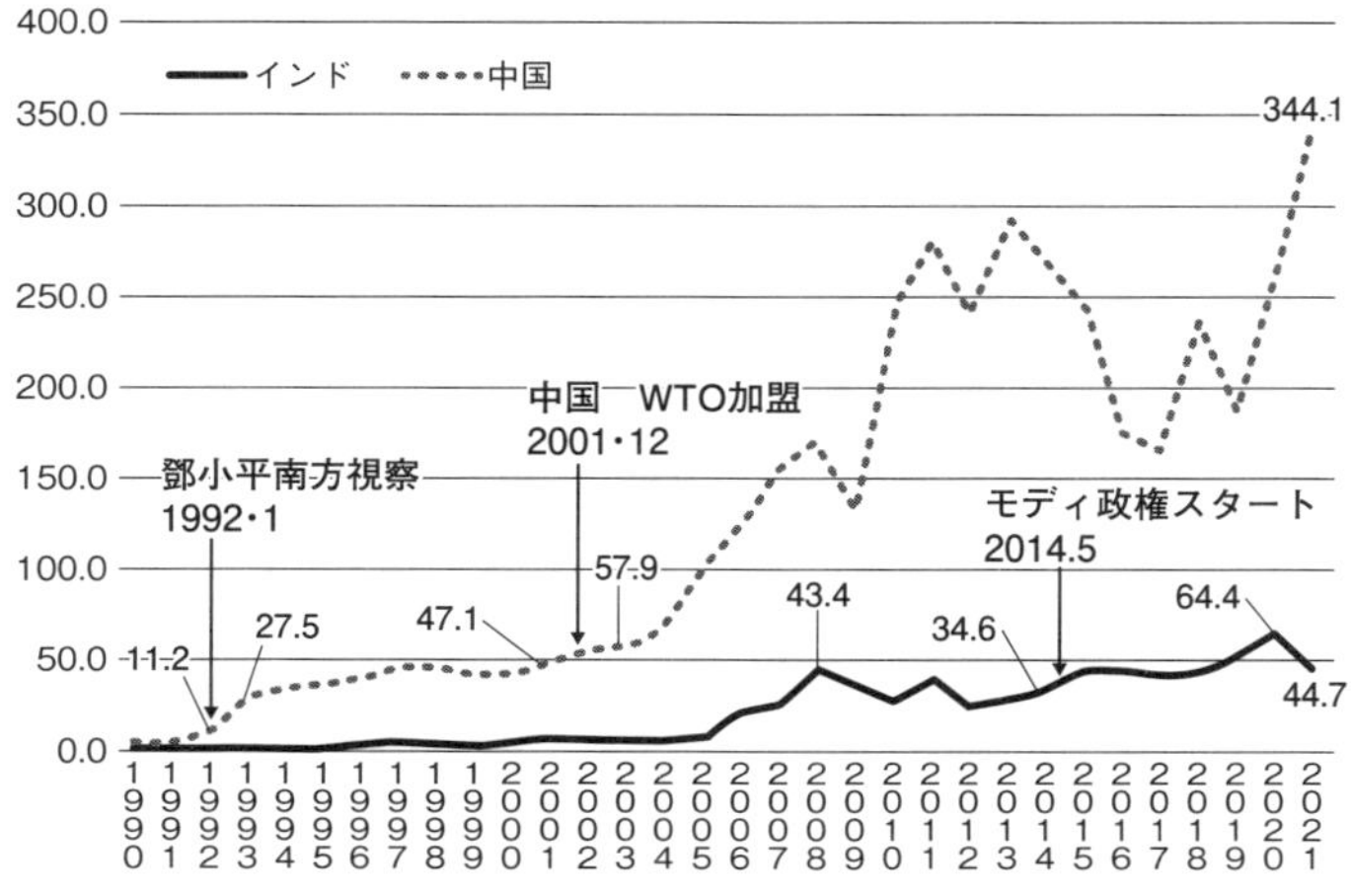

出所：一般財団法人インド経済研究所

経験がまったくないことで、彼の構想を実現するには限界があった」と述べています。そしてラジブ・ガンジーは1989年総選挙で敗北した後、改革を進めることができないまま1991年に暗殺されてしまうのです。

小寺　ラジブには大変気の毒なことでしたが、大改革を推し進める政治力が足りなかったということですね。

榊原　他方、中国は毛沢東の死後、鄧小平が天安門事件で諸外国から経済制裁を受けた状況を何とか巻き返したいと自由化政策にアクセルを踏みます。日本も1990年には、一時凍結していた円借款を再開しました。欧米の対中投資意欲も強く、それに呼応する形で中国は広州・深圳・大連・青島と大規模な経済特区を開き、輸出拡大を推進させました。

小寺　私たちソニーも1992年に中国、1994年にインドへ外資100%で進出しました。インドではインド国内向けの商品の製造・販売をめざしていました。ただし、中国では当初、中国から海外への輸出を意図したものでした。逆に言えば、インドでは当時ほとんど経済特区あるいは輸出加工区というものはなく、しかも国内にはスキルのある労働者も部品産業もないので、輸出など考えも及びませんでした。

榊原　インドには伝統的に外資に対する警戒心があるのです。それはもうイギリス統治の時代からのものです。つまり外国企業はインドを搾取しにくるというトラウマと、マハトマ・ガンジーの国産品愛用運動（スワラジ運動）の感覚が根強く残っているのです。

それに加えてインドには強力な財閥と国営企業がありますので、政府が政策を具体化しようとすると何かと政治問題化され先に進めないのです。これは一種の内外企業平等主義で、外国企業にインセンティブを与えることに対する国内企業の反駁《はんばく》が強いのです。

一方中国では、当時財閥らしいものはなく、巨大で生産効率の悪い国営企業がありました。これに対して鄧小平と朱鎔基《しゅようき》（元上海市長・元首相）のコンビで国営企業の人員削減を行い、国営企業の体質改善を図る一方、外資との積極的な合弁を推し進め、経済構造の変革を断行したのです。

小寺　そうしてみると、中国の場合は天安門事件があって外国からの制裁を受け、せっかくの改革開放政策も死にかけたので、逆に後れを取り戻そうと自由化のスピードを上げたとも言えますね。それが結果論として良かったということです。

実際、私の経験からも、中国は外国からの進出企業に対して安価な土地の提供、タックスインセンティブ（税優遇措置）、あるいは有能な人材の提供まで、徹底して外資を歓迎してくれましたので、次から次と投資事業が自然に増えていきました。

そして外資が望んでいる中国国内での販売なども順次許可して、門戸を少しずつ開けていくのです。これはとてもうまいやり方だと思いました。
一方インドはどうかというと、確かに何のインセンティブも与えられませんでしたし、そもそも中国や東南アジアでは感じられた「歓迎されている」という感触は、残念ながらインドでは得られませんでした。
しかし、今榊原さんのおっしゃった外国企業に対する一種の警戒心みたいなものは現在のモディ政権になっても、どこかインドの政治家や官僚のなかに宿っているのではないでしょうか？

榊原　それは否定できないかもしれません。
モディ首相は、世界銀行の「Ease of Doing Business index（ビジネス環境改善指数）」というランキングを非常に気にした初の首相といってよいでしょう。彼はこのランキングの国内版をつくり、州ごとに競わせました。そうして州政府に対し、投資環境改善の大切さと外資誘致の重要性を教え込んだのです。

小寺　モディ首相のそういう姿勢は評価できますね。
それはモディ首相が２０２１年8月に発した独立１００周年の国の姿を謳《うた》った宣言「ビ

ジョン・オブ・インディア（Vision of India　157ページ参照）」のなかの8つの項目にも表れています。インドに投資する外国企業にインセンティブを出すとか、世界トップクラスのラボをインドに呼び込むとか書かれています。まあそれを「今ごろになって言うのか?」とも言えますが、インドのDNAみたいなものを変えようというのですから大転換です。

インドと中国、同じような人口を抱えて、同じように改革開放経済に踏み切った国です。ところが実は、根底には植民地時代からの歴史や葛藤《かっとう》、さまざまな事件などが絡み合って今日があるということです。

榊原　インドと中国との大きな違いは、外資政策のありかたや外資利用に対する施策の違いであり、そしてそれを実行できるかどうかという政府の力量差です。それはひとえに政権が安定しているかどうかにかかっていると思います。中国は外資の力をもって国家の経済体制を変えようとし、それが共産党政権で実現できた。一方インドは外資の利用を分かりつつも、その利用には及び腰で、しかも政権が安定していなかった時期があり、中途半端に終わっていた。モディ首相はこれまでのこうした姿勢を大きく変えた初のインドの首相だと思います。

小寺　異議ありません。ただ今の世界を見渡すと、安定的な政権のなかには中国流の一党独裁政治も入るのが悲しいことです。そして歴史の偶然みたいなものがこれだけの大国の政治を動かしてしまうという側面もあるのです。

ナレンドラ・モディの登場

榊原　その後、２００４年に改革に積極的な革新派閣僚のマンモハン・シンが首相に就任します。

小寺　ええ、そうですね。ただ、このマンモハン・シン首相時代にあっても、古い政治家や官僚機構は温存されたままで、思ったようには動きが取れず、改革はなかなか進展しませんでした。

榊原　なにしろ出血を止めるのが先で、外資の導入などは構想としてあっても先送りされたの

マンモハン・シン（1932年～）は、インドの政治家、経済学者。第17代インド首相（在任期間2004年5月～2014年5月）。インド独立以来ヒンドゥー教徒以外では初の首相。清廉・質素な生活を送り人格者として知られる。

です。ありていに言えば、旧体制（アンシャン・レジーム）を壊しただけで終わっていたということです。

マンモハン・シンは、計画委員会副委員長やＲＢＩ（インド準備銀行）総裁、そして危機のときの財務大臣と、インド経済トップの要職を務めてきた能吏です。ソニア・ガンジー（ラジブ・ガンジー元首相の妻で、元コングレス暫定議長）がイタリア生まれであるため首相になることを諦《あきら》めたことから、その能吏に首相の任務が託されることになった。「首相に就くつもりがなかった首相」といわれるゆえんです。

彼は生え抜きのインドの政治家ではありませんでした。政務は常にソニア・ガンジーの存在を意識して行ったといわれるくらいで、よいアイデアがあってもそれを実行に移せない政治的背景を抱えていたといえるでしょう。

小寺　そのころ、地方で目覚ましい改革路線を走っている革新的な政治家がいました。現首相のナレンドラ・モディです。

モディはインド西部のグジャラート州で生まれ、家は貧しい紅茶売りでした。心に期すものがあったのでしょう、青年期になるとヒンドゥ至上主義団体であるＲＳＳ（民族奉仕団）に入団します。社会奉仕活動をしながら、グジャラート大学を卒業すると、同州の州議会議員になり、3期務めます。
2001年にグジャラート州の州首相に就任すると、内外から資本を導入し、電力や道路などのインフラ整備を進めました。国内外の企業の誘致にも積極的に取り組み、他州に比べて突出して高い経済成長を実現したのです。

榊原　「改革は地方から」といわれます。モディの手腕は高く評価されました。その改革がうまくできた裏には、インドの統治構造が連邦制に近い形になっていて州政府の権限が強いという事情がありました。ある意味、中央政府のコントロールが及ばない部分も多かったのです。

小寺　ただ、当時のモディのヒンドゥ至上主義はイスラム教を敵視する、いわば極右思想で、その政治姿勢に危惧《きぐ》を持つ人々も少なからずい

第18代インド首相　ナレンドラ・モディ

ます。それでも、２０１４年の総選挙でインド人民党（ＢＪＰ）が勝利し、モディはインドの第18代首相に就任しました。

政争の具とされた宗教問題

榊原　ではもうひとつの重要なトピック、インドを語るとき、宗教問題を避けるわけにはいきません。

インディラ・ガンジーと息子のラジブ・ガンジーの時代（１９６６〜１９８９年）は社会主義的な政策と自由主義的な政策の間で揺れ続けました。何か政治的なイシュー、たとえば総選挙とかがある度に、その宗教問題が取りざたされるのが常でした。

宗教問題はビジネスを行う面では、ほとんど気にすることもないと思います。ただ政治的には、常にメディアなどで大きく報道されるので、気になる読者も多いと思うけれど、小寺さんの経験からどうですか？

小寺　私は宗教というのは本質的には個人の心のなかの問題だと理解しています。ただインドでは宗教の問題が常に政争の道具にされてきた歴史があるとみています。

古くは１９４７年の独立の際のインド・パキスタンの分離・独立。これが最大の宗教対立のイベントということになります。振り返ってみると、ネルーの娘、インディラ・ガンジー首相（第1次・第2次1966～1977年、第3次1980～1984年）は、選挙を前に宗教問題をことさらつくり上げたとも言えます。

その理由は、インドでは選挙ともなると、どうしても個人の考えよりも人々が属するコミュニティの考え方が優先され、そのコミュニティは往々にして宗教的な色彩を帯びています。

加えて、カースト、とくに下位カーストあるいはアウトカーストの人たちが選挙の季節になるとより組織化されることもあります。カーストは大きく4つのカーストに分けられますが、そのどれにも属さない不可触民がアンタッチャブルあるいはアウトカーストと呼ばれています。そしてこれらのコミュニティは、インディラ・ガンジーにとっての重要な票田と認識されています。

つまり、選挙ともなると政党や政治家本人の政策の良し悪しではなく自分たちが属するコミュニティの持つ共同体意識みたいなものに投票行動が左右されやすくなるのです。政治家はそのコミュニティ意識を刺激して自らの政党に有利に働くようなプロパガンダを発したりするのです。

榊原　おそらくそれはインドに限った話ではなく、先進国でも発展途上国でも、同じように存在する問題です。アメリカなんかも選挙が近くなるとカソリック・プロテスタントだけじゃなく、福音派、ユダヤロビー、イスラム系、ヒスパニック系など、宗教と民族問題が急にクローズアップされてきます。

インドでは、いわゆる「コミュナル問題」が取りざたされる傾向が強くありました。「コミュナル問題」とは、宗主国が恣意的《しいてき》な分割統治をする道具として宗教・民族・カースト・身分などを用いて集団（コミュナル）を分断したり、共同させたりすることです。

インディラ・ガンジーの時代はインドからの分離独立を求めるシーク教徒の問題があり、ラジブ・ガンジーの時代にはスリランカにおけるタミール人の独立運動が命取りになっています。シーク教徒はインドの人口の1・7％ほどの信者数といわれ、総本山のゴールデンテンプルはよく知られています。

小寺　インドの場合は、このコミュナル問題に宗教だけではなく、カーストという要素も入ってくるので、より複雑になるということです。とくに選挙ともなると低カーストが得票数を左右する存在になってきます。

ご指摘のようにインドでは州政府の権限が強く、中央政府と州政府の利害が対立することも少なくありません。そういった対立のなかで権力闘争が発生すると、宗教問題と絡んで政党間の争いが激しくなり、時に人命も犠牲となる争いに発展します。

インディラ・ガンジーの首相の時代にも、１９７５年から１９７７年まで2年間にわたり国家非常事態宣言が発令されています。インフレ、貧困問題、汚職、就職難などで膨れ上がった反政府の動きを鎮めるために強権政治を実行し、イスラム教徒のスラムを撤去したり、貧困層の強制断種を行うなど、イスラム勢力や貧困層とことさら軋轢《あつれき》を起こし、自らの国家非常宣言を正当化しようとしました。

榊原　そこは私もよく覚えております。当時、インディラ・ガンジーがあそこまで強権的な政治をやるなんて考えられなかった。一般には国家非常事態宣言なんていうものは戦争が起こったときぐらいしか発令されないし、そんな長きにわたって国家非常事態宣言を続けるのも異常な感じがしました。

小寺　さらに１９８４年には、北部パンジャブ州で分離独立をめざす一部のシーク教徒との間で紛争を起こし、シーク教徒の総本山ゴールデンテンプルを総攻撃し、多くの犠牲者を出すに至っています。「ゴールデンテンプル事件」です。

榊原　それは非常に根深い問題であり、今日でもこのゴールデンテンプル事件は尾を引いています。

小寺　最近でも問題になったカナダ政府との争いの起因となった事件です。「カリスタン運動」といわれるインドからの分離独立をめざすシーク教徒の抵抗運動ですね。

榊原　カリスタンというのは、もともとパンジャブ州北部に多く住むシーク教徒が自分たちの独立国家を築こうとした運動です。その中心になったのがゴールデンテンプルというシーク教の総本山ですが、この独立運動に対してはインドと領土問題を抱えているパキスタンが裏から資金支援をしていたと言われています。

当然のことながら、インディラ・ガンジーはこの動きに敏感に反応し、シーク教徒の締め付けを行い、追い詰められたシーク教徒の一部がエア・インディアのジャンボ機を爆破するというテロ行為に出たのです。エア・インディア182便爆破事件といわれるもので、1985年6月のことです。

小寺　そのテロ事件に関与したと言われていた人物の亡命をカナダ政府が受け入れていたという話です。そのカリスタン運動の指導者が2023年6月にカナダで暗殺された。犯人はインド当局が差し向けたとして、カナダのトルドー首相がインド政府に抗議したのです。それでモディ首相が怒って、カナダとの外交問題に発展し、今も解決していません。

榊原　カナダはあくまでも人権を正面から振りかざすところがあり、亡命を認めただけでなく、彼らのカリスタン運動を規制することなしにやり過ごしていたといわれています。

ガンジー親子が暗殺されるという悲劇

小寺　力を力で押さえつけようとすると、追い詰められたほうは最終的にテロという究極の手段に訴えるわけです。

榊原　それを力対力で解決するのではなく、相互理解を深めていくような方法で問題を解決するのがベストです。しかし、それは、まだどこの政治家も実行できていないことですね。

小寺　首相サイドが戒厳令という非常手段を取って総選挙を有利に戦おうとするのに対し、結局は宗教グループが暗殺という手段を取り、インディラ・ガンジー首相自らが犠牲になってしまう。１９８４年10月のことです。

その7年後にはインディラを継いだ息子のラジブ・ガンジー首相も南部タミール州で選挙運動中にタミール過激派に暗殺されています。これは宗教問題というよりもスリランカの北部にいたタミール人らが分離独立を計画して武装蜂起した問題に対し、ラジブ首相がスリランカ政府寄りの言動をしたことが理由でした。

榊原　そのラジブ・ガンジーについて、政策面でどんなことをやったのか、少し付け加えましょう。

インドの経済改革は実際にはもっと以前、1984年に暗殺されたインディラ・ガンジーのあとを継いだラジブ・ガンジーが始めたともいわれています。ラジブはコンピュータ化社会の重要性を認識し、コンピュータ関連機器の関税を引き下げ、海外メーカーのインドへの進出を認めています。また、民間企業の力を重視し、市場経済導入のガイド役も果たしています。ラジブが銀行国有化など社会主義的経済体制に注力した母親の政治に別れを告げる姿勢を示したことは、もっと留意されていいと思う。

小寺　1978年にIBMがインドから一旦《いったん》撤退しています。ところが、当時まだエア・インディアのパイロットだったラジブは内心母親の政策に対して忸怩《じくじ》たる思いを抱いていたのかもしれませんね。

榊原　彼はライセンス・ラジ制度の弊害にも気づいていましたが、おのれの政治力の限界で廃止は果たせませんでした。しかも1989年の総選挙でコングレスは敗北し、下野したまま1991年に暗殺される。これがインドの経済改革の取り組みを遅らせることにつ

インド　歴代首相

首相／政党		政権担当年月	主な出来事
ジャワハルラール・ネルー 国民会議派	第一次	1947年8月～1952年4月	1948.1 マハトマ・ガンジー暗殺
	第二次	1952年4月～1957年4月	1954 平和５原則外交
	第三次	1957年4月～1962年4月	1959 ダライラマ インド亡命
	第四次	1962年4月～1964年5月	1962 印中国境紛争
L.B.シャストリー 国民会議派		1964年6月～1966年1月	1965～66 第２次印パ紛争
インディラ・ガンジー 国民会議派	第一次	1966年1月～1971年1月	
	第二次	1971年3月～1977年3月	1971.8 印ソ平和友好協力条約 1972.2 米中国交正常化
モラルジー・デサイ ジャナタ党		1977年3月～1979年7月	1978～91 ソ連アフガン紛争介入
チョードリーC・シン ジャナタ党		1979年7月～1980年1月	
インディラ・ガンジー 国民会議派	第三次	1980年1月～1984年10月	1984.10 インディラ・ガンジー暗殺
ラジブ・ガンジー 国民会議派		1984年10月～1989年12月	1988 ラジブ・ガンジー訪中 1989.6 天安門事件
チャンドラ・シェーカル ジャナタ党		1990年11月～1991年6月	1991.5 ラジブ・ガンジー暗殺 1991.12 ソ連崩壊
ナラシンハ・ラオ 国民会議派		1991年6月～1996年5月	1992.1～2 鄧小平「南巡講話」 1993 印ロ友好協力条約締結
A.B. バジパイ インド人民党（BJP）	第一次	1996年5月～6月	
	第二次	1998年3月～1999年10月	1998.5 ２回目の核実験（西側との関係冷却化）
	第三次	1999年10月～2004年5月	2000.3 クリントン訪印、プーチン訪印
マンモハン・シン 国民会議派	第一次	2004年5月～2009年5月	2007.5 QUAD発足　シン首相、戦略的自律性外交表明
	第二次	2009年5月～2014年5月	2012.11 習近平総書記就任
ナレンドラ・モディ インド人民党（BJP）	第一次	2014年5月～2019年5月	2015.12 安倍首相訪印 2020.5 印中国境衝突
	第二次	2019年5月～2024年5月	2020.2 トランプ訪印 2022.2 ウクライナ危機勃発
	第三次	2024年6月～	2023.9 G20サミット 2024.6 第三次内閣発足

（代理首相や任期のごく短い首相を除く）

ながったと思うと非常に惜しまれます。

小寺　政治家になってからたった2年で母親のあとを継いで首相に就任した。その任を全うするには、やはり力不足だった。

コングレス内部の保守化が進んで、党は岩盤のような官僚主義と汚職政治に汚染されていたのでしょう。

そういえば、ラジブ・ガンジーが政界に入る前、エア・インディアのパイロットをしていた時代に、インド政府がアメリカ製の旅客機に代えてソ連製の安い旅客機を導入するという案を出したのです。このときエア・インディアはストを打って反対したのです。ラジブは基本的には欧米のほうを向いている人だったのでしょう。

榊原　ただ、この時期を「インドの改革前夜」と呼んでもいいでしょう。ここで活躍したのが世銀を辞めて帰国し、政府経済顧問に就いたモンテック・シン・アルワリア元計画委員会副委員長です。

まとめ

▼社会主義的政策を長年続けてきたことの帰結として、縦割り行政、官僚主義、形式主義が蔓延し、極度の外資規制や国有企業優遇など、コングレス政治の問題点があらわに。

▼恒常的な外貨不足に陥り、1991年の経済危機を迎える。

▼インドが中国に後れを取った重要な要因のひとつに伝統的な外資規制があった。

▼宗教問題はインドでは政争の具として扱われ、選挙や経済危機の起こる度に宗教紛争が起こる。

▼宗教問題は現在までも続いている。とくに対イスラム教、シーク教の問題、ヒンドゥ至上主義の台頭。

第3章

世界に羽ばたくインド人

「三僑＝世界三大商人」の持つ民族的特性と経済的能力

榊原　さて、ビジネスの話になると必ず出てくるのが、インド人ビジネスパーソンの商売上手。実際どんな感じなのか、小寺さん、ご自身の体験を少し披露してくださいますか。

小寺　世界のビジネスパーソンを見ていると、その人たちの出身地によって特徴があるのがよく分かります。また昔からよく言われる「商売上手」な人たちが確かに存在します。その人たちは世界中のビジネス界で成功をおさめています。なかでも、ユダヤ人、華僑、印僑がよく知られています。

榊原　言うところの「三僑」、「世界の三大商人」ですね。

小寺　ソニー時代の個人的な経験からすると、その三大商人の持つかなり面白い特徴が浮かび上がってきます。世界にあるソニー代理店や大手ディーラーもほとんどがこの3つの民族出身者に絞られてきます。

これはまったく個人的な印象で、誰もが持っている共通認識とは言えませんが、あくまでも自分自身で経験して得られたそれぞれの特徴を述べてみます。

まずユダヤ人はとにかく最初から最後まで押してきます。妥協を許さない。一歩引くと百歩押してくるので交渉が進まないという経験を多くしました。それはイスラエルという国の外交姿勢を見ても、ある程度分かるのではないでしょうか。

榊原　なるほど、説得力があります。ユダヤ人の気質についてはいくつも本が書かれているとおり、「意欲的」という評価は定着しているようです。では、華僑についてはどんな見方ですか？

小寺　華僑の人たちは、最初の当たりは非常に柔らかい。こちらの条件をほぼ丸飲みするような感じでお付き合いがスタートすることが多くありました。けれど、何度かビジネスを繰り返すうちに、いつの間にか向こうのペースに乗せられていることに気づくのです。まずは人間関係をつくり、相手の信頼を勝ち取ることを重視しているのでしょう。

榊原　老練というか、手練《てだ》れというか。

小寺　いつのまにか「自家薬籠中《じかやくろうちゅう》のもの」にされるというか、したたかです。

榊原　分かる。そこで印僑ですが、どうでしょう？

小寺　印僑は、ひと言でいうと、交渉はきわめてロジカルで計算高い。今、このディール（取引）で利益が出るか否かだけが判断の基準で、1円でも儲かれば後先は考えず商売を進める。明日はまた明日のロジックで考えればいい、という具合です。

榊原　明日を信じないということでしょうか。インドの歴史を見れば、明日のことを考えることよりも、今日をどう生きるかのほうが大切だ、という気持ちが育《はぐく》まれたということかもしれません。

小寺　それと関係があるかどうか分かりませんが、ヒンディー語では昨日と明日を表現する単語が同じ「カル」という言葉なんです。今日が大切であって、それに比べれば昨日も明日も同じだと言う発想でしょうか。ちょっと無理筋の解釈かもしれませんが。

母国を失った人たち、印僑＝シンディ

小寺　ここで注意すべきは「華僑」と言った場合、必ずしも中国人すべてを指すわけではないことです。

華僑の出身地は、とくに中国南部の福建省や広東省に集中していて、さらに細かく言えば、「客家《ハッカ》」と呼ばれる人たちが多い。客家はいわば中国国内にあって自分たちの故郷を失った人たちで、東南アジアに広く進出した人たちのことです。よく知られた人物で言えば鄧小平、李鵬あるいはシンガポールのリー・クアンユー、リー・シェンロン親子などが有名です。

ユダヤ人も、誰もが知っているように、古くは紀元前から土地を追われ世界中に散らばった人たちです。現在のイスラエル周辺の国のみならず、南北アメリカ・ヨーロッパ・インド亜大陸やアジアにも広がっており、ビジネスの大小にかかわらず、とくに世界の金融や物流をリードしています。私の過去のビジネス相手のなかでもイランとかトルコといったイスラム教国のなかにも少なからずユダヤ系の人たちがいました。

榊原　故郷を追われる、あるいは国を捨てる。あるいはもともと国がない。彼らの共通項です。印僑についても、事情はほぼ同じです。

小寺　はい、印僑もインド人すべてとは言えず、狭義では今のパキスタン領あるいはインドの西端地域に多く居住していた「シンディ」といわれる人たちが中心と考えられています。

シンディはヒンズー教徒であり、1947年のインド・パキスタンの分離独立に際して、西のパキスタン領となった地から東のインドに逃れて来た数百万人の難民です。もちろん、ほぼ同じぐらいの数のイスラム教徒たちが、逆に東のインドから西のパキスタンへ逃れて行ったわけです。

ですから、シンディも本来の土地を追われた人たちであり、その後、生活の糧を求めて世界へ散って行ったのです。

こうした印僑の存在は、ユダヤ人や華僑に比べてあまり知られていません。しかし実際には、欧米はおろか中南米やアフリカにまで広がっていて、その規模と地域の広がりは華僑を上回るほどです。

榊原　これまでインドにあまり関心を持たなかった日本人がほとんど知らない印僑の実態です。

小寺　繰り返しになりますが、ユダヤ人、華僑、印僑に限らず、商売上手な人たちが生まれた理由はほぼ共通しています。つまり「国を追われた人たち」なのです。宗教紛争や国際政治の嵐のなかで自らの故郷を追われた人たちが他国で生きていくために培った術。それが時を重ねて商才にまで練り上げられた。私はそう見ています。

榊原　故郷を失った民族の血の結束によるグローバル展開、ということですね。

世界の政財界で活躍する印僑

榊原　そこで、ビジネスをやる上での彼らの強さの源泉は何だとお考えですか。

小寺　それは世界中に広がるネットワークと、同じ民族の間だからこそ生まれる信頼感です。メール一本、電話一本でビジネスを成立させ、支払いや品物の送付はギャランティーなしの信用取引。それを破れば不文律の制裁が同族内で待っていて、ネットワークから外されるのです。

印僑は戦後になってＮＲＩ（在外インド人、Non Resident Indian）といわれる巨大な移民集団へと変化をとげています。

榊原　印僑も始まりは、いわばトレーディング（貿易）に特化した人たちが活躍していました。今やその子孫たちが移民先の国政や経済の中枢にまで入って活躍する時代になりました。

イギリスのリシ・スナク前首相やアメリカのカマラ・ハリス副大統領などが知られます。

小寺　経済界ではマイクロソフト、グーグル、ＩＢＭ、フェデックスなど、数えられないくらいのインド人のＣＥＯが生まれています。

またアメリカの五大ビジネススクールのうち、３校の学長がインド系の人たちです。彼らは英語という最大の武器を持ち、コミュニケーション能力に優れ、数学に強く、論理思考が身についているので、ＩＴ系のみならず商業、医学、政治家、弁護士など幅広い分野で活躍しています。

榊原　彼・彼女らは若いときの海外留学などを経て欧米の政財界に入った人もいるけれど、親やお爺《じい》さんの時代に出稼ぎでインドから出てきて、その子どもや孫の世代になって教育を積み成功した人たちも多い。インド人の底知れない強さを感じます。

小寺　そのとおりだと思います。最近ではそのような人たちをもちろん出稼ぎとは呼びませんし、ＮＲＩとも言いません。「ディアスポラ（Diaspora）」という呼び方がされています。

榊原　ディアスポラとは、狭義には移民であり、広義には○○系住民となる。多くはその地で永住権はおろか国籍を取得している人も多いのです。

小寺　ＮＲＩという言い方はその中間的なもので、出稼ぎインド人というほうが実態に近いのです。インド移民は、世界に約１８００万人いて、世界の移民の６％ぐらいにあたります。

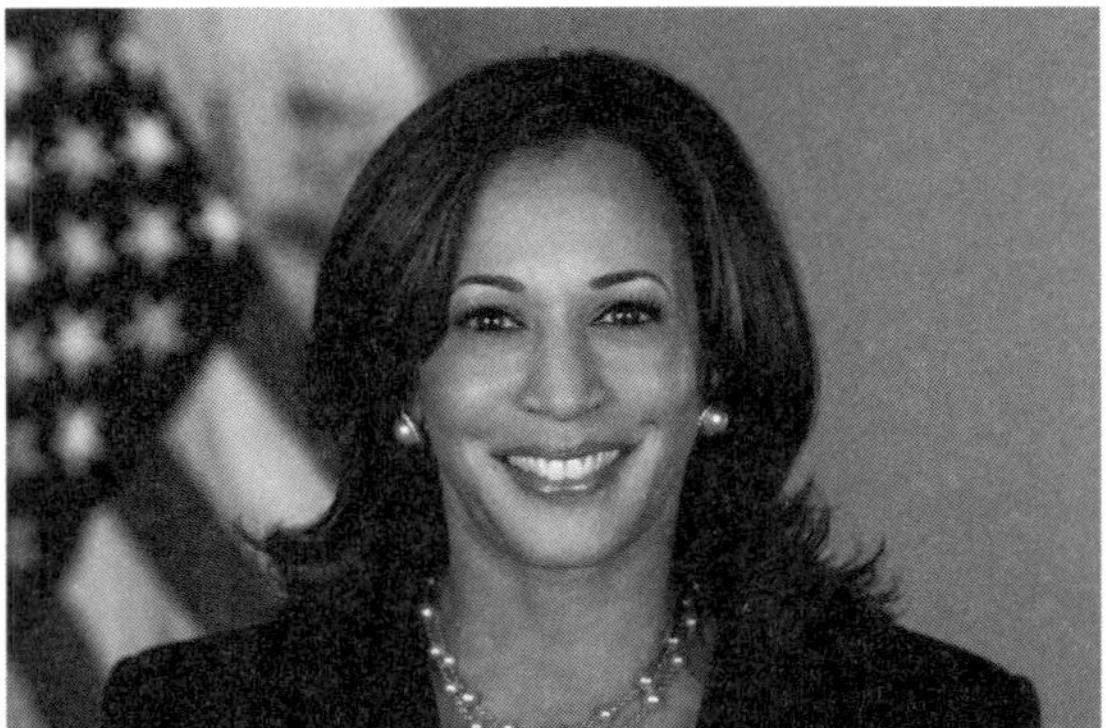
カマラ・ハリス米国副大統領

榊原　ちょっと古い資料ですが、ＩＬＯの国際労働力移動世界推計によると、２０１９年の世界の移民労働者数は1億６９００万人とされています。

小寺　ディアスポラとして二世から五世ぐらいまでを含め、さらに片親がインド系の人々まで含めると、世界で働くインド人の数は３２００万人を超すといわれています。そしてこの人たちの郷里送金は、２０２３年で１１９０億ドルに達しています（世界銀行機関ＫＮＯＭＡＤ：Migration & Development Brief 40）。この額はインドの対ＧＤＰ比３・３％に相当し、世界全体でみた郷里送金額の13・９％を占め、メキシコや中国を抜いて世界一です。

一方、中東諸国にも１０００万人を超えるインド人ディアスポラが存在し、彼らは主に70年代から建設労働者として労働派遣された人たちでした。しかし今では商業や公務員のレベルにまで多く入り込んでいます。

榊原　こうして見てくると、ひと昔前、インド系のディアスポラはいわゆる出稼ぎでした。一方的に海外からインドに富をもたらす人たちだったのが、今やディアスポラが暮らすそれぞれの国にとって、彼らの存在そのものがその国の政治経済を支える屋台骨のひとつとなっているようです。

小寺　いわば、移民と受け入れ国のウィン・ウィンの関係です。世界を見渡すと、そういう幸せな関係ばかりではありません。

榊原　アメリカを例にとってみれば理解しやすいでしょう。ラテン系移民はアメリカの基盤労働力をとなっていますが、同時にアメリカ人の仕事を奪うこともあれば、治安問題などを引き起こすことで敬遠されることもあります。

また中国系の移民は英語理解力の不足から中国コミュニティを形成し、米国内中国をつくり出したり、情報や知識を中国へ持ち出す危険性も危惧されています。

それに比べてインド系移民に関しては、あくまで比較論ですが、その数の多さの割には問題となっていないようです。むしろ米国のＩＴ企業や医療を支える根幹として不可欠の人たちとなっているように思えてなりません。

まとめ

▼商業界における華僑・印僑・ユダヤ人の特徴。

▼NRI（Non Resident Indian）、ディアスポラ（Diaspora）の存在。

▼以前は出稼ぎ労働者という存在であったが、やがていくつかのジェネレーションを経て各国で存在感を増し、政界・経済界・医療・学術など各方面に進出。

▼故郷を失った民族の血の結束によるグローバル展開

▼アメリカのIT業界を制するインド人材がやがてインドをITシステムアウトソーシング大国へと導く

第4章

勇気ある決断
日本企業のインド進出

コカ・コーラとIBMの撤退

榊原　ここからいよいよインド進出企業の過去の苦闘の物語を追っていきます。インド経済の話になると必ず出てくるのが、その社会主義的政策と外資規制の問題ですね。古い話ですが、とりわけ1973年のコカ・コーラと1978年のIBMのインド撤退は、当時の世界に衝撃を与えた事件として記憶されています。

小寺　IBMがインドに進出したのは戦後間もない1951年のことです。インドが将来の巨大市場になると目を付けて現地法人を設立したのです。ところが、1978年のインドの国有化政策により、その出資比率を40％まで下げるように言われ、インドから撤退していました。

せっかくIBMがインドの利用価値に気づき早期に進出したのに、それが台無しにされた。ですから、その時代のインドは、IBMのみならず世界のIT産業から最も遠い国と思われるのも当然でした。

しかしインド政府は、その後すぐに自分たちが千載一遇のチャンスを逃してしまったことに気が付いたのだろうと思います。IBMの撤退はインド政財界にとってはひとつのショック療法となったと思います。

榊原　戦後、先進国がやっと新興国の将来性に目を付け始めたときに、ＡＳＥＡＮ諸国と同時に、人口的なインパクトを持つインドに目が向いたのは自然なことでした。

とくに、庶民が日常的に消費する清涼飲料水のような商品は最初に参入が考えられるもので、コカ・コーラがインド進出を決めたのも当然のことでした。

しかし、インド政府はコカ・コーラの原液の成分を開示せよと言って難くせをつけたのです。もちろん、それを同社が受け入れないと知っていての難くせです。それを契機に「外資持ち分法」という法律をつくり、外資を40パーセント以下に規制したのです。

これにコカ・コーラは嫌気をさしてインド撤退を決めてしまった。あれで先進各国はインド市場に対する警戒感を増幅してしまい、その後20年ぐらいインドは忘れられた大陸となってしまったのです。

小寺　まったくそのとおりです。しかもコカ・コーラの撤退後に、パーレグループというインドの会社がローカル製のコーラ「Ｔｈｕｍｓ　Ｕｐ（サムズアップ）」という飲料を売り出し、それが爆発的に売れました。当時私も、このサムズアップを飲みましたが、確かに味はコカ・コーラに似ており、より炭酸の刺激が強い感じがしました。

パーレグループがどのようにしてこの味をつくり出したのかは不明です。それでも、このサムズアップが今でもインドの炭酸飲料市場でナンバーワンであることも驚きです。ローカル嗜好《しこう》をうまく取り込んだのと、コカ・コーラが開拓した市場をコカ・コーラ不在の時代に大拡大させたということでしょう。

榊原　そこの部分だけを見れば、当時のインド政府の外資規制は功を奏したと言えるかもしれません。

小寺　しかし面白いのは、コカ・コーラは１９９２年の外資規制解除の１年後、１９９３年になって20年ぶりにインド市場へ再参入します。その後も簡単にはサムズアッ

インドで最も売れている清涼飲料水「Thums Up（サムズアップ）」

プを打ち負かせないと考えたコカ・コーラは、その10年後の2003年になって製造販売するパーレグループを買収するという現実路線を展開したのです。

今日、インドの炭酸飲料の販売ランキングは、1位サムズアップ、2位スプライト、3位ペプシ、4位コカ・コーラ、5位リムカ（旧パーレグループのライム飲料）で、上位5銘柄のうち4社がコカ・コーラグループとなっているそうです。

榊原　それは面白いですね。IBMの撤退もほぼ同じタイミングだったのだけど、その後のインドのIT産業を左右するような企業をこの時点で排除してしまったわけです。だから、「何をやってるのだ!」というところだけど、結局コカ・コーラ同様、1993年になってタタグループと合弁して再参入するまで、20年近い空白を生んでしまったわけです。

タタグループとは、1868年創業のインド最大の財閥です。重厚長大の基幹産業から観光、綿紡績、商業、インフラ、サービスなど100社近くを傘下に持っています。その1社、タタ・コンサルタンシーサービシズ（TCS）はITシステムサービスの面でインド最大の売り上げを誇ります。

小寺　企業倫理のしっかりとしたグループとしても知られ、内外からの信用度も高いグループです。

榊原　もちろんその間、インド政府も企業もＩＢＭの持ち込んだメインフレーム（巨大企業や組織の基幹情報システムに使用される大型コンピュータ）のメンテナンスにも苦労することになったのです。それでも、80年代には自国のＩＴソフト企業が生まれ始め、それらが今日のインドのＩＴ産業を支えるようになった。ここでもある意味、外資の空白がインド独自の企業を生んだといえます。もちろん多くの時間の無駄を経験しなければならなかったということではあるんですが。

小寺　それこそインド人の数学的な能力の高さを考えれば、その空白の時期に若い優秀な学生が自国の政策に失望しアメリカに渡り、コンピュータの勉強をしてアメリカのＩＴ企

インド最大の財閥タタグループ

業に勤めたりしたのではないでしょうか。

そしてそのなかからＩＢＭのＣＥＯにまでなるような人が出現したり、インドに里帰りしてインドにＩＴ会社をつくったりしたわけですから、「瓢箪《ひょうたん》から駒」みたいな話でもあります。

榊原　なるほど。インドがＩＢＭをいったん追い出したのが結果的に功を奏したということですか。それは面白い見方です。

ソニーのインド進出、その失敗と成功

榊原　この時期、ソニーもインド進出を試みましたね？

小寺　１９８０年代の後半、中近東などで働くインド人出稼ぎ労働者などの間で、ソニー製品は圧倒的に人気があったので、彼らの本国インドでもビジネスチャンスはあると考えました。そこでドバイのソニー代理店だったインド人経営者との合弁というかたちでインド進出を試みました。

榊原　小寺さんの発案ですか？

小寺　そうなんです（苦笑）。

インドの三大財閥

グループ名	タタ グループ	ビルラ グループ	リライアンス グループ
創業（地）	1868年 ムンバイ	1857年 ラジャスターン	1958年 ムンバイ
特徴	創業者が拝火教徒であり、倫理性のもっとも高い企業といわれる。英国統治時代から政府の基幹産業の育成に貢献してきた。 今やインド最大の財閥で、ほぼすべての分野に進出している。 グループの結束力が極めて強い。	海外展開に積極的。英国統治時代からインドの特産品であったジュートや綿製品の輸出に貢献。英国との結びつきが強く、今でも海外事業が売り上げの半分近くある。	比較的新しい財閥。創業者の死後後継問題で2つのグループに分割インフラに近い分野をリライアンス・インダストリーズ、新規事業や金融をリライアンス・ADAグループがカバーしている。どちらも資本政策・M&Aに積極的である。2つのグループ間の対立もしばしば起こる。
主な 構成企業	■**タタ・コンサルタンシー・サービシズ** （ITサービス企業） ■**タタ・モーターズ** （ジャガーやランドローバーの親会社の自動車会社） ■**タタ・スチール** （1907年に設立された製鉄企業） ■**タタ・パワー** （総合電力会社）	■**アディティア・ビルラ・グループ** （アルミ産業、繊維産業などを展開しているコングロマリット。40か国以上で18万人以上の従業員を有す。海外売上比率が50%以上で、国外でも利益を上げているのが特徴）	■**リライアンス・インダストリーズ** （石油やガス開発、バイオテクノロジー、繊維事業を展開するコングロマリット。従業員数38万人で、インドで初めて時価総額が2000億ドルを突破）
現在の 中核事業	ITサービス、製鉄、自動車、海運、電力、航空、ホテル	アルミ精錬、繊維事業、貿易	リ・インダストリーズ（石油・ガス開発、繊維、バイオ） リ・ADA（金融、通信、電力、不動産）
年間売上高 （2023年度）	約22兆円	約9兆円	約19兆円

榊原　当時は当然ながら現地生産が条件だったと思います。どんな製品をつくったのですか？

小寺　白黒テレビやオーディオ機器をつくる工場と、当時インド人の間で流行《はや》りだしたインド映画のビデオソフトをダビングして輸出する工場の2つでした。

榊原　でも、外資規制もあるなかでのスタートだったわけですね。

小寺　われわれの株式持ち分は拒否権もない24％で、しかも部品の輸入にも多くの条件が課され、部品の国産化と外貨の自社調達など無理難題を押し付けられました。

そもそも当時、インドにはエレクトロニクスの部品産業なんていうものはほとんどなく、商品梱包《こんぽう》のダンボールぐらいしか国産品を使えなかったのです。

輸入のための外貨を稼ぐといっても、当時は「メイド・イン・インディア」では買ってくれる国はありませんでしたし、もともと部品はすべて日本からの輸入で、コストも決して安いわけではありません。

その高いコストと部品の高い輸入関税ではインド国内市場でも売れる価格設定とはならず、結局は1年ほどで撤退することになりました。

インドの市場の大きさと将来への期待を込めての進出でしたが、このころのインドは外資にとってはあまりにもハードルが高く、みごとに打ちのめされたというところでしょうか。

榊原　現在、ソニーのインドにおける活動はどうなっているのですか？

小寺　実はその後、ナラシンハ・ラオ首相が１９９１年に新経済政策を発表し、外資１００％出資が可能になったのです。それで１９９４年に、１００％自己出資でデリー近郊に工場進出を果たしました。

榊原　そのときメインになった商品は何ですか？

小寺　カラーテレビです。そのころも依然として部品関税や外貨不足の問題は残っていましたが、日本の家電メーカーとしてはいちばん早い進出だったので、これは大成功となりました。

やがてインドとＡＳＥＡＮ諸国との関税協定なども結ばれ、タイやマレーシアでつくられた製品の関税もなくなり、カラーテレビだけでなく、パソコンをも含めた多様な商品が扱えるようになりました。部品の関税障壁もなくなり、インド国内のアッセンブリー（組み立て）工場も不要となりました。

同時に家電のみならず、映像関係のソニーピクチャーのほうでも、当時急増した衛星放送の分野にも進出し、今では「SONY TV」はインドで最もポピュラーな衛星チャンネルのひとつになっています。

榊原　う〜む。お聞きしていると、やはり、進出のタイミングは非常に大切ということですね。発展途上国では、市場も政府の政策もどんどん変化していく。早すぎても、遅すぎてもダメで、そのあたりのタイミングの読みが、その後のビジネスの成否を決めるというよい例ですね。

小寺　最初は困難でも、ルールがどんどん自由化の方向に変わっていきますから、ある種の辛抱も大事です。

先駆者「ホンダ」と「スズキ」

榊原　中国は90年代初頭ごろまで「眠れる大陸」といわれ、人口は多いけど技術力や購買力などを見たら、とてもじゃないけど日本の企業が進出できそうな国には見えなかった。中国ですらそんな時代だから、当然、インドへは目も向けられなかった。そんな時代にスズキ自動車は社運をかけてインドに乗り出した。これは、すごい決断です。

小寺　スズキ自動車が現地のマルチ社との合弁で自動車生産を始めたのが1981年、大企業の国有化が進められたり、外資に対する規制がもっとも厳しかった時代に出て行ったわけです。

私はそのころからインドにはちょくちょく行っておりましたが、もう何十年にもわたってインドの国産車といえばタタグループのアンバサダーという車とフィアットの小型車だけでした。１９５０年代の後半から30年以上もモデルチェンジのない車しかなく、世界でもっとも自動車産業の遅れた国でした。

榊原　そんな国へ出て行こうとしたのですから、スズキ自動車は思い切った戦略を取ろうとしたのでしょう。それは大きな方針を鈴木修会長が独自に判断できる会社だったからできたことで、日本のモノづくりのサクセスストーリーとしてよく取り上げられます。

小寺　インドへの進出が成功した日本企業というと、まずスズキ自動車の例が挙げられます。ですがここでは、あえてホンダのバイク事業について触れてみようと思います。

榊原　ほう、ホンダ。スズキほどには知られていません。

小寺　先ほど述べたとおり、１９８０年代後半、私は会社に命じられて、ドバイ在住のインド人ビジネスパーソンとジョイントベンチャーを組み、ボンベイに小さな白黒ＴＶの工場進出を進めようとしていました。私も、インドのポテンシャルを感じて何とかインドに足場を築きたいと思っていた一人でした。

そこでわれわれよりも早くインドに進出していた製造業ということで、スズキとヒーロー・ホンダの両工場を見学させてもらうことになりました。スズキ（正確にはマルチ・スズキ）はすでに大きな工場を持っていましたが、ヒーロー・ホンダの工場の小さくてみすぼらしいのには驚きました。

榊原　町工場そのものだったのですね。

小寺　ホンダもマイノリティの出資（出資比率が低い）であり、合弁相手はヒーローという自転車メーカーでした。

榊原　当時、インドにはバイクメーカーもあったと思うけど、パートナーとしてどうして自転車メーカーを選んだのか、興味があります。

小寺　その理由は、今となってはよく分からないのですが、進出企業の悩みは共通していました。ローカル（現地）でアッセンブリー（組み立て）しなければならないのはまだしも、部品の輸入がままならないのです。

これも先ほど述べましたが、当時のインドは極端な外貨不足にあり、輸入部品のための外貨は自分で稼げというルールと、国産部品の調達を何％以上にせよという国産化比率の厳しいハードルがありました。ホンダはインド進出以前に中南米、アジア・アフリカへの進出の経験があり、このあたりの問題は熟知していたと思います。でも、おそらくインドは他のどの新興国よりも規制が強かったと思います。

榊原 日本企業は製品の質に徹底してこだわるので現地部品なんか使いたくないと思っているはずで、ホンダも例外ではなかったでしょう。

小寺 説明にあたってくれたヒーロー・ホンダの日本人工場長の話には驚かされました。彼らは街の小さな金属加工工場に出向き、自分たちの必要とする部品をつくらせているばかりか、インドにはない製造機械まで自分たちでつくり上げていました。そのようなことをホンダの進出先でホンダの誰もがやっているのかと聞いたら、「いや、私が自分で考えてやっています」と言うのです。

「本社にお伺いを立てても、本社の人間が発展途上国のことを知っているわけもなく、自分たちがいちばんよく分かる。創業者の本田宗一郎氏が最初につくったバイクは自転車にエンジンを取り付けただけのものだったし、自分たちが創業者と同じ努力をここインドでできることは嬉しい」と言うのです。

榊原 感動しますね、その話は。

小寺　帰り際に、「排水処理の設備も自分たちでつくったので、ここの排水は何の汚染もありません」と、排水溝を流れる水をコップですくって自ら飲んで見せたのです。

普通のエンジニアだったら、あれがないから、これがないからつくれないとか、自分は製造機械なんて知らないし、そもそも本社がそんなローカル製の製造機械を認めないとか言いそうです。しかし、このホンダの工場長には任された仕事を貫徹する強い使命感がありました。インドで成功するにはこういったパイオニア的人材を派遣できるかどうかが重要なポイントになるとしみじみ思わされて、感服するばかりでした。

ホンダのバイクのインドにおける今日の成功は、こういう人たちの努力があってこそ成しとげられたと言ってよいのではないでしょうか。

榊原　日本の昭和期の技術者たちの持っていたモノづくりの精神ですね。遠いインドの地でそれがいかんなく発揮された。

小寺　同様に、ソニーも最初のJV（共同企業体）は大失敗の末撤退しましたが、94年に外資100％が可能になってから工場進出を果たしたのは前述したとおりです。そのときもまだインドの外貨状況はよくなく、厳しい内製化率などの規制はあったものの、やはりエンジニアたちの努力で乗り切れたと思います。

榊原　ソニーの工場もホンダ並みだったのですか？

小寺　はは（笑）。工場は昔靴工場だったらしく屋根やところで、何年も放置されていたらしく屋根や壁に穴が開いていたり、あの暑いインドで冷房もない。とても本社の基準に照らせば合格点など貰《もら》えるはずもない建屋でした。やはりここでも派遣されてきたエンジニアたちが情熱を持って工場を立ち上げてくれました。

榊原　ほんとうに頭が下がります。

小寺　インドでは、何をするにも新しいことをすることに喜びを見出し、情熱をもって事に当たる人材の投入が必須であると考えています。ソニーの成功も、スズキやホンダの知恵や努力を見たからこそ成し得たと思います。

インドのソニーショップ

現在はそのような規制はどんどん撤廃されていると思いますが、日本から部品や製造機械を輸入するのは製品コストが上がりすぎて現実的ではありません。インドの価格競争の厳しい市場で製品のコスト競争力をつけるには、部品や人材のローカライゼーション（現地化）は避けては通れないでしょう。

榊原　日本のやり方やつくり方をそのままインドに持ち込んでも、インドでは成功しないということですね。

小寺　そこが東南アジア諸国への進出とインド進出との決定的な違いと言えます。自分たちが変わらないと進出できない国、といってもいいでしょう。

NTTドコモ（docomo）の苦戦

榊原　それは良い話を聞きました。

しかし、実際には苦戦した例もあるのではないかと思うのです。わりあい最近インドから撤退した事例として、ドコモ（docomo）の例がありますね。

小寺　2009年にタタ（TATA）グループと合弁を組んだドコモは、2014年には9800万件の加入者を持つにいたったそうです。それは大変大きな数字ですが、インド市場の大きさやキャリアー（通信会社）の乱立を考えると、決して喜べる数字でもなかったようです。

キャリアー間の価格競争は厳しく、その年960億円の債務超過となり、撤退・合弁解消を余儀なくされました。その失敗の理由のひとつに、予定された電波の帯域が与えられなかったことらしいですが、通信料に関するドコモの皮算用が狂ったのが主たる原因だろうと言われています。

当時、インドのサービスは3Gが主流でしたが、その利用料はなんと日本の20分の1の値段でした。これはインドの通信料が安いというよりも、3社独占でサービスが提供され、帯域が保障されている日本の市場で莫大《ばくだい》な利益をあげていたドコモにとっては、「インドの異常」と映ったことでしょう。

榊原　日本の通信行政において、企業を優遇しすぎということですか？

小寺　そこは、何ともジャッジが難しいのです。

私もずっと海外生活をしていて携帯電話は必需品でした。毎日使っていたのですが、基本的に海外では携帯電話機とキャリアーはまったく別の会社が扱っていて、どちらも競争は激しい。その当然の帰結として通信料はとても安かったのです。

ところが日本に帰って来て驚いたのは、携帯電話はキャリアーを通じてしか買えないことです。それも通信契約が主であり、電話機はゼロ円です。すべてが通信契約のなかに包含されているシステムなんです。あれには驚きました。

榊原　日本の携帯の通信方式が海外とは異なっていて、独自の発展をとげたのでガラパゴス携帯（ガラ携）などと言われていますが、販売方法もガラパゴスであったということです。今では機種変更やキャリアー変更も比較的簡単にできるようになりました。しかし、海外では最初からそういうシステムになっていたことを考えれば、やはり日本の通信事業各社はうまい販売方法を考えたのだと分かります。

小寺　インドでは、もちろんヨーロッパと同じように携帯機の販売と通信事業者は分離されていますから、どちらも競争が激しいのです。

ただし携帯電話機に関しては、当初インドにはまともな携帯電話機メーカーはなかったので、最初から中国メーカーやノキアの安物が主流でした。

しかも通信料は本当に安い。その安い通信料の上にインド人の携帯の使い方が賢いのです。私はインドに行くと専属のタクシードライバーを頼んでいます。彼と待ち合わせのときに指定の場所に来てくれと電話をすると、電話をとらないのです。ディスプレーされた電話番号で「来てくれ」というメッセージだと分かるから、いわゆるワン切りで用が済むと言うのです。これだと基本的に通信料がタダなわけです。

榊原　ほうー。電話を受けて10秒しゃべったとしても、インドの通話料は1円ぐらいしかかからないけど、それをもセーブするという話です。すごいな。そんな使い方を見たら、ドコモの社員は「これでは商売にならんな」と考えたかもしれません。

小寺　そうだとしても、彼らはインド市場のポテンシャルを読み間違えていたのではないでしょうか。ドコモがＴＡＴＡグループと合弁解消の争いをしていた時期、２０１６年のことです。インド三大財閥のひとつ、リライアンスグループの経営するＪＩＯテレコムが４Ｇのサービスを始め、しかも最初の１年間接続料無料という荒業を使い、１億人のユーザーを獲得し、一躍トップシェアを握ったのです。

もちろん、ここ数年のインド経済の伸びを考えれば、１円の通話料をケチっていたユーザーもいなくなり、多くの人が長電話をするようにもなったでしょう。１人当たりの通信使用料は劇的に変化していると思います。

インドの携帯加入者数は、２０２３年で11億５０００万人。中国は17億３０００万人ですから、今の伸び率を見るとインドが中国を追い越す日も遠くはないでしょう。

榊原　当然、そうなるでしょうね。

小寺　人口14億人の市場が意味するインパクトをどう捉えてその将来を読み、思い切った決断をするか。インドでのビジネスの成功のためにはステップ・バイ・ステップの発想で計画を立ててはダメです。倍々の発想に基づいた投資戦略づくりが必要となるのではないでしょうか。

榊原　ドコモの撤退に関しては他にもいろいろな理由があるのでしょう。それでも、小寺さんの話を聞いていると、インドに進出する際には日本から「何か教えてあげる」という一方通行的なお付き合いでは、やはりダメということがよく伝わってきますね。

向こうはわれわれよりもずっと長い歴史を持ち、約14倍の人口、それもあふれるばかりの若年層を持ち、世界の隅々まで人材を浸透させている国です。インド人の気持ちや考え方を理解せずに乗り込んでは失敗する危険性も大いにあるということです。

小寺　そうだと思います。

これからの日本企業のインドへの進出は?

榊原　そこで、実際今、インド進出を希望している企業も多いと思います。それぞれの分野での実現可能性あるいは難しさなどについて話してみましょう。

進出と一言に言っても、大企業からベンチャー企業までいろいろとあると思いますし、業種もインフラ事業から小売り日用品まで、あまりにも幅広い話になりますけど、どこからいきましょうか？

小寺　重厚長大型の事業については大企業がもう何年も前から十分研究をしていると思うので、むしろ小売業とか日用品・食料品などはこれからまだ発展の余地が大きく、比較的軽い投資で成功のチャンスがあるので面白いと思います。

榊原　インフラ関連は小寺さんが述べられたように技術者の養成とか資材の調達とかの問題が大きく、一朝一夕には片付かない問題が多いのですね。

それに品質に対するつくる側の意識とか、顧客の満足度合いの違いとか、根本的に日本とは異なる部分もあり、とくに建設・土木といった分野では厳しい面もあります。

小寺　建設や土木では日本も一時東南アジアや中国への進出を試みましたが、あまり成功したという話は聞きません。今は新興国向けの海外事業に対する熱が冷めているのではないかと想像されます。

ですから、インドに関してはあえて小売（リテール）業とソフト事業にフォーカスしてみたいと思います。

榊原　インドで小売業というと、街中にいっぱいある小さいお店とか、キオスクタイプのお店、あるいはワゴンで商売しているような人たちも多いという印象です。そこにあえて切り込むというのはどうみても難しいように思われるのですが、近年何か変化があるのでしょうか?

小寺　それが大アリなのです。私も以前、ある会社に頼まれてインドでシャンプーとか生理用品の販売の可能性を調べたことがあります。10年以上前のことです。

当時、シャンプーなどは主にキオスクタイプの店で売られており、1回分が個装になっているものが連ねてある。1袋5円ぐらいのものが10袋ほど連なっている感じです。5円でも当時は庶民にとっては高価なものであり、そのころはまだ石鹸で髪を洗うのが当たり前だったわけです。

ところがそれを見た日本の同業者は、「いまさらこんなものはつくれない」と言うのです。当たり前ですよね、昔は日本もそんな時代があったかもしれませんが、その時代に逆戻りした製品をわざわざつくったらコストもかえって高くつきます。

それから生理用品についても、そもそも田舎ではそういうものを女性が使う習慣がないのです。まずは生理用品がいかに大切かという教育から始めなければいけない。実際そのころ村々を巡回して女性たちに教育をする販売員たちの様子をＴＶドキュメンタリーで観るにいたり、私も「これは時間がかかる」と思いました。

榊原　それは私もよく分かります。

小売店舗に関しては私の理解もまったく同じで、インドにはキラナと呼ばれる小さな雑貨小売店が２０００万軒ぐらいあります。ほぼそのすべてが個人経営の零細企業という認識なんですが、そこに変化があるのでしょうか？

しかも零細企業ですから、当然のごとく外資規制とか大企業規制があって、法律によって守られているのではないですか？　思い起こすと、日本でも長い間、巨大資本や外資スーパーの進出が抑制されてきました。インドにもそういう規制が当然あるものと思っていましたが。

小寺　まず、この圧倒的な数のキラナショップですが、今のところその便宜性は疑いの余地のないものです。リライアンスグループなどがそこへの進出を狙《ねら》っているのですが、彼らがめざしているのはまずキラナに対する卸チャンネルの構築です。

しかし、扱う商品は小物が多く、少額の取引が多いのがネックになっていることと、もうひとつは物流です。インドは広いですし、まだ全国規模で少額商品を短時間で運べる物流網ができていないのです。それで結局、それぞれの地方に根付いた卸業者が個人エージェントを使って一軒ずつ訪問させ、注文を取るような形になっています。

しかし最近ではその分野でも、リライアンスや中国のアリババが狙っています。ネットを使った卸業ですね。インドや中国の企業がここを見逃すはずがないんです。

榊原　法の規制はないんですか。

小寺　ないようです。また先ほど話のあったごく小さなキオスクタイプとかワゴンタイプのお店は、今回のインド訪問ではあまり見かけませんでした。おそらくは電子決済の普及のせいで、

インドの小売店・キラナショップ

現金のみの扱いのお店の運営が難しくなったのかもしれません。

村々で教育も含めた商品の普及活動をやらなくても、ＳＮＳなどを通したネットの急激な普及で情報共有ができるようになったので、新しい商品が地方の隅々まで、各階層もれなく行き渡る可能性が高くなりました。


榊原　それはよい話です。それでこそ政府がネット環境の整備と端末の安価な供給、そして激安な通信費の実現に腐心した甲斐《かい》があったということなのでしょう。

最近ではユニ・チャームがインドで紙オムツの製造販売で成功し圧倒的なシェアをとっているという話を聞きましたが、そういう背景があったのですね。

やはりインドのような国では、進出企業に時代を先読みする力があるかどうかで勝負が決まるようですね。

コンビニの出店・展開は可能か？

榊原　ところで、リテール（小売）の分野ではどうなのでしょうか。

小寺　リテール業界では、ユニクロのように単一ブランドでの展開は外資１００％で大丈夫です。ただし複数のブランドなどを扱う商店への外資出資比率は51％までに抑えられています。しかも扱う商品の30％以上はインド国内産でなければいけないという制約があります。

ですので、最近では大きなスーパーなどもできていますが、その業態ではリライアンスなどローカルのグループが強いです。

榊原　コンビニはどうでしょうか？　そもそもそういうお店があるのかどうか分かりませんけど、キラナショップはもともとコンビニみたいな「何でも屋さん」だから、そういうところとの競合になるのでしょうか。でも相手は2000万軒という膨大な数のお店ですから、楽な勝負ではないでしょう。

小寺　ひと口にキラナショップといっても形態はまちまちです。間口一間の店もあれば、小型のスーパーぐらいのお店もありますし、食料品を扱っていたり、店内で飲食ができるお店もあります。これから都市化がどんどん進む過程で、店に求められる商品、サービスや形態も変化してくると予想されます。

榊原　日本における「セブン-イレブン」のような成功事例も予想されるかどうか。そこに興味があります。まずは品揃えですか？

小寺　そうですね。商品でいえば、都市型の生活様式に合わせたインスタント食品や冷凍食品、洋風の飲料などが考えられます。サービスでは店主が顧客対応するのではなく、客が自由に商品を選ぶような形態とか、電子決済の普及によりセルフレジなども割合と早く導入されるのではないかと想像されます。

榊原　それは日本の最先端のコンビニのスタイルです。

小寺　お店の形態としては、やはりモダンな外形も重要ですし、何よりチェーンストア化することによる信頼感の演出が必要と思います。

榊原　コンビニエンスストアの発祥はアメリカですが、それが日本で独自に進化した形態に発展し、すでに諸外国でも高く評価されています。だからそれがインドで受け入れられない理由はないと思います。

小寺　同感です。それからコンビニの発展に大きく関係してくるのがインドのコールドチェーンの発展です。以前は冷凍コンテナや冷凍倉庫、冷凍車といったコールドチェーンがまったくと言ってよいほど遅れていたため、冷凍食品の販売はきわめて限定的でした。しかし近年になってコールドチェーンのインフラが整ってきたので、これはコンビニ業界にとっては大きな後押しになると思います。

榊原　キラナと同じ業態と考えてはいけないということですかな。しかも先ほどから述べられているネット化や電子決済の普及によって、お店の運営そのものが変わってくる。だとしたら、すでに日本のコンビニもインドに進出していておかしくないし、実際、そうなっているようです。

小寺　外資51％までという制約がネックになっていますが、エッセンシャルズという日本企業がローカル資本と組んで、「24Ｓｅｖｅｎ」という名前で進出しています。すでに大都市中心に数百店舗も展開していると聞きます。日本のセブン-イレブンも２０２１年に第一号店をムンバイに開店させています。

榊原　背景にインドの消費者の嗜好《しこう》の変化がありそうです。

小寺　流通の世界でも、新しい商品や品質が問われる時代に突入していると思いますし、同時に生活用品などでも、今は高額でもより良い品質のものを求める消費者が増えてきているようです。とはいえ個人的な意見ですが、ホテルに置いてあるトイレットペーパーやペットボトルにしても、まだまだ良質とは言い難いものもあります、昔なら、インドだから仕方ないと思って我慢したところですが（笑）。

榊原　お話を聞いていて、生活用品などではインド向けにまだまだチャンスのある商品やサービスがいくらでもある感じがしてきました。

エンターテインメント業界の進出可能性は?

榊原　それでは次にソフトの面ではどうでしょう。とくにエンターテインメントの分野などで進出の可能性はあるのでしょうか?

小寺　インドでエンターテインメントといえば、インドの大都市・旧ボンベイとアメリカのハリウッドをもじった「ボリウッド」映画ですね。ご承知と思いますが、インドは世界一の映画製作本数を誇り、年間800本ぐらいの映画が製作されています。インド映画といえば歌と踊りとアクションということになりますが、最近では海外で評価される作品も生まれています。

榊原　日本でも、歌と踊りのインド映画に結構コアなファンが生まれていると聞いていました。

小寺　2024年のカンヌ国際映画祭でグランプリを獲得した映画があります。「All We Imagine as Light」という作品で、インドに残る家父長制や婚姻・性に関するテーマに意欲的に挑戦しています。しかもこの映画のオリジナルは、ややマイナーなマラヤーラム語という南部ケララ州の言語が使われていることも特筆すべきことかと思います。

インド国内の興行を見れば決して商業的な成功を収めたとは言い難いかもしれません。それでも市場をインド国内だけに限定せずに純粋なアート作品として世界を視野に活動できる映画人がいることは、インドがいかに世界に開かれた国になりつつあるかを示していると思います。

榊原　いよいよ社会派のインド映画が世界に躍り出てきた。日本でも早く観られるといいですね。

そこで、カルチャーあるいはサブカルチャーの日本からの輸出というと、やはりアニメが真っ先に頭に浮かぶのですが、そういった動きはありますか？

小寺　はい、もちろんあります。もともとはアメリカ発のコミック関連の展示会である「コミコン」が毎年インドの各地で開催されています。

つい最近もムンバイで開催されましたが、もちろんそこで主役となるのは日本のアニメ群です。キャラクターグッズ、ゲームソフト、フィギュアの販売など、180以上のブースが出店しました。世界どこでも同じ光景ですが、コスチュームを着た若い人たちであふれているそうです。入場者数も毎年倍々で増えているようです。

榊原　日本企業の支援もあるのでしょうか？

小寺　今年、これをスポンサーしているのがソニーグループのクランチロールという会社で、アニメの配信をインド国内で行っています。コンテンツの多くが日本の作品であり、こういう展示会を通して知的財産保護のための周知作業をしつつ、アニメファンをつくり、インド国内でのアニメ産業の育成にも力を貸しています。

榊原　ひと昔前なら、インドで日本のアニメを楽しむ人がいるなんて考えられなかった。すばらしい。

小寺　これまでアニメの制作は、企画を立ててから原画を描いて編集してと、非常に長い工程を経なければならず、しかも手作業が膨大にかかる。しかし、これから生成AIを使ったアニメ制作が可能になると、元来ITに強かったインドですから、アニメのアウトソーシング先としても有望ではないかと思います。もちろん、インド発のオリジナルコンテンツもあるでしょう。

榊原　日本からのコンテンツ輸出といえば、われわれ世代はすぐ連続ドラマ「おしん」です。あれが最初に海外に紹介されてからすでに40年ぐらい経っています。いつまでも日本のコンテンツといえば「おしん」と言われても困ります。

小寺　はい。日本のサブカルチャーに関しては日本人が考えている以上に海外では有名です。

榊原　生成ＡＩとアニメの関係というのは面白いテーマです。インドもアニメファンが増えてきているということなので、アニメコンテンツの制作の分野でも、インドは見過ごせない存在になってくるわけです。

小寺　確実にそうなります。

榊原　また日本では映画やＴＶドラマなどは、どちらかというとドメスティックで内向きな業界のように思われますが、これからは積極的に海外展開をしてもらいたいものです。

最近はインバウンドの旅行者も増え、外国人が外国人の視点で日本の文化を見聞きして、その情報をまた外国人の間で共有するという一種のループができ上がっています。そういうループのなかに日本のエンターテインメント・コンテンツが入ってくると面白い展開がみられるのではないでしょうか。

小寺　まったく同感です。

まとめ

▼1980年代のIBMのインド子会社に対するマジョリティ規制でIBMがインドから撤退、ほぼ同じころ、コカ・コーラに対する原材料の開示問題でアメリカの期待を裏切る時期が続いた。

▼1988年にソニーはボンベイに合弁会社を設立したが、マイノリティ出資しか認められず、厳しい外貨規制で部品の輸入が困難、2年で撤退。

▼1994年（外資の自由化後に）、ソニーは再度100パーセント自社出資で進出、しかし当初は外貨規制、国産化率規制、輸出義務などで苦労する。

▼ホンダの挑戦から得られた教訓：インドでは、ないものねだりをしてはいけない。

▼NTT docomoの苦戦：市場の拡大を待つ勇気が必要。

▼インド企業との付き合い方：一方通行のお付き合いはダメ、日本企業自身が変わらないと難しい。

▼これからの日本企業のインドへの進出は？　小売業、日用品・食料品の可能性。

▼コンビニの出店・展開は可能か？

▼エンターテインメント業界の進出可能性は？

第5章

第18代首相
ナレンドラ・モディの改革

ＩＭＦの勧告　経済政策の転換を迫る

榊原　いよいよ現在の首相、ナレンドラ・モディの話に入りましょう。

その前に、モディが18代首相になった２０１４年以前のインド政界の歴史を見ると、とくに際立つのが、３代にわたるネルーファミリーのコングレス（国民会議派）支配です。コングレスはインド最初の国民政党です。１９４７年の独立から１９８９年まで、途中３年間のジャナタ党の支配はあったものの、長い間インドの戦後政治を担ってきました。同じネルー一族が支配する同じ政党・コングレスが40年近くも政権の座にあったのです。それはいろいろな面で問題が出てきて当たり前といえば当たり前のことです。

ジャナタ党は反ネルーのコングレス議員たちが中心となって結成した政党で、１９７７年から１９８０年までの３年間と１９９０年から１９９１年の約８か月の２度、政権の座にありました。

小寺　多々あるなかで最大の問題は、一言で言えば「腐敗」ということになりませんか？政権あるいは官僚の腐敗が社会主義的政策と奇妙な形で相互作用を起こし、それがまるでインドの常識のように諸外国からは見られ、選挙のたびにコングレスは選挙民の反感を買うようになっていきました。

その後90年代に入ると、多数の政党が乱立し、連立を組まないとどの党も政権を取れないようになった。そうなると与野党間のスキャンダル合戦の様相を呈し、ますます内政はおろそかになっていったのです。

榊原　そうして、迎えるべくして迎えたのが1991年の経済危機です。

小寺　その前年に始まった1990年の湾岸戦争はインド経済に決定的な打撃を与えました。インドはエネルギーを中東の産油国に依存していましたが、原油価格の急騰に加えて、インドにとって外貨獲得の貴重なソースとなっていた海外在住のインド人NRIからの送金も細り、1991年には外貨保有額はあと1週間でデフォルト（債務不履行）を宣言しなければならないレベルにまで落ち込みました。

榊原　1990年8月末までは、それでも外貨準備は31億ドルほどあった。それが、1991年1月にはなんと9億ドルにまで落ち込んでいました。1年のうちに返済を要する短期の対外債務は1991年3月末で85億ドルでした。非常に危険な状況だったのです。

小寺　そのころ私はドバイに駐在していて仕事上でインド人との付き合いが多かったのでよく覚えています。外貨不足ゆえにインドルピーの価値は下落に下落を続け、公定の為替レートとヤミのレートの差は2倍以上に開いていました。

それゆえ出稼ぎのインド人（ＮＲＩ）の本国への外貨送金は、政府の重要な外貨収入源になっていたにもかかわらず、ハワラと呼ばれる闇ルートの裏送金が半ば公然と行われていました。

榊原　「ハワラ」、聞いています。

小寺　ハワラは紙切れ一枚で何の保障もなく信用だけで海外送金ができる仕組みです。とくに事故があったとは聞いていませんので、相当程度確立されたシステムといえます。たとえばドバイではインド人商店街の片隅にいくつものハワラ業者がいて、いつでも裏送金できるのです。街の両替商と同じように店を構えていました。もちろんインド側ではこれは非合法なビジネスですが、ドバイ側では何のお咎《とが》めもありません。

榊原　となると、ただでさえ不足している外貨が闇に流れ、国庫には入らない。

小寺　はい。これも、インドの腐敗と行政システムの欠陥が生んだ悲劇です。

この危機的経済状況に際して、ＩＭＦはインドの根本的な経済政策の転換を迫りました。それまでも何度も通貨危機に襲われ、その都度ＩＭＦの勧告を無視して社会主義的政策を進めてきたインド政府に対する最後通告でした。

榊原　当時のインド政府も、その仕組みをよく理解していたはずです。それでも何も対策を打てなかったのは、確かに行政システムが欠陥だらけだったということでしょう。

マンモハン・シンの財務改革

小寺　これは第2章で述べたことと多少重なりますが、この最後通告を受けたナラシンハ・ラオ首相（コングレス）は、その年1991年に「新経済政策（New Economic Policy）」という思い切った改革開放政策を発表しました。外資による自由な投資を歓迎し、輸入関税を下げ、公共セクターの民営化を断行したのです。

この政策を創案し推し進めたのがマンモハン・シン財務相であり、後の首相です。ちなみにソニーもこの新政策にのっとり、1994年にデリー近郊のグルガオン市に自社資本100％の会社と工場進出を果たし、今日に至っています。

榊原　ナラシンハ・ラオ首相の後、またもやコングレスは与党の地位を追われ、この改革路線も途絶えてしまいそうになるのですが、2004年に再び政権に帰り咲きます。マンモハン・シンが第17代首相となり、今度は首相自ら改革開放政策を断行していくわけです。

マンモハン・シンはパンジャブ州出身のシーク教徒で、イギリスのケンブリッジ大学を卒業した後にオックスフォード大学の博士課程を経て財務省に入省しています。同省の次官まで務めたエリート中のエリート官僚です。

このころになってインド政府もやっと彼のような海外留学組の官僚を使えるようになったのです。遅すぎたとはいえ、大きな変革への第一歩に踏み込んだのです。

しかしマンモハン・シンは、もともと学者出身ですから政治の駆け引きがヘタで、党内反対派などを無理やり引っ張る強引さに欠け、結果として経済優先を断行する中国には大きく水をあけられることとなりました。

国民会議派（コングレス）とインド人民党（ＢＪＰ）の政権交代

小寺　そして時が流れ、マンモハン・シンに取って代わり、２０１４年にナレンドラ・モディ内閣が登場します。

モディ率いる政権与党のインド人民党（ＢＪＰ）は１９８０年代初頭に生まれた政党で、最初は強いヒンドゥ至上主義を掲げていました。当時のたび重なるイスラム教徒とヒンドゥ教徒の衝突を利用して生まれたという出自もあり、最初は宗教色の強い政策を打ち出していました。

榊原　それだけではなく、ネルー以来続いてきた国民会議派（コングレス）に対抗するために、社会主義的政策からの決別と、コングレスの持つ伝統的な問題である腐敗撲滅の二つを唱えて対立軸をつくっていったのです。

しかもモディは、首相になる前のグジャラート州の州首相時代に、思い切った経済開放政策を実践していたので、州単位でやっていたことを国のレベルでやればよいといった感じだったのでしょう。

小寺　１９９６年には初めてＢＪＰが第一党となり、連立政権を生むまでに急成長しました。当時の首相はバジパイです。しかし、ある意味、このＢＪＰの台頭を御膳立てしたのはコングレスであり、インディラ・ガンジー自身ともいえます。

つまり前にも述べましたが、長年の支配で政府にも役人にも汚職体質がはびこり、コングレスは総選挙で必ずしも楽勝できる情勢ではなくなっていたのです。その危機を乗り越え票を集めるために、インド国内で宗教対立をあおり、世界から非難をあびると知りつつも原爆実験まで強行したのがコングレスであり、インディラです。１９７４年5月のことでした。

榊原　そして１９９８年5月、ＢＪＰのバジパイ首相のもとで2回目の核実験が行われ、それが同年同月末のパキスタンの核実験も誘発してしまうわけです。それで日本政府もインド・パキスタンに対する警戒意識を高め、同時に産業界も腰が引けてしまったのです。

小寺　さらに経済状況が悪くなると世界銀行・IMFの援助を頼りにする一方で、選挙受けのよい大企業の国有化政策を推し進め、より一層経済不況を招いてしまうという失政が続きました。

榊原　それに強く反発したのがBJPで、「自由主義経済の推進」と「腐敗撲滅」は選挙においてはきわめて有効なメッセージでした。

小寺　2004年には再びマンモハンのコングレスに第一党を譲ったのですが、そのころにはコングレスも大きく政策転換を行い、経済の自由化政策に舵を切っていました。しかし、ネルーファミリーに依存してきたコングレスにはリーダーになれる人材がいない。8年続いた改革派のマンモハン・シンをもってしても、汚職体質の浄化はできなかったのです。

結局彼のあとを受け継ぐ人材が現れずに2014年、BJPが政権を取り戻し、ナレンドラ・モディが首相となったのです。

宿敵コングレスを倒しても改革開放路線を継承

榊原　モディ首相は、自分の考えに近いマンモハン・シンの政策は変えずに、なお一層の自由化を進め、汚職や非効率な官僚主義を排除すべく新しい政策を次々と打ち出し、国民に新しいインドの将来像を明確に植え付けてきたように思います。

小寺　ＢＪＰのなかには極端なヒンドゥ至上主義を唱える政治家も少なからずいたのに、モディ自身はそうした発言を抑えて国民の融和を図ろうという意図を明確にしました。

榊原　彼には強権的な面も少なからずありました。ただし、国民は順調な経済発展を実感することができ、モディをバックアップしました。

小寺　ですから、ＢＪＰがヒンドゥ至上主義と知りながらも、イスラム教徒やシーク教徒のなかにもＢＪＰシンパが生まれるようになりました。

榊原　自由化政策はマンモハンの考えを踏襲《とうしゅう》したものであり、それはそれで政治家としてはすばらしいことです。でもマンモハンの首相時代に官僚も代替わりして、欧米の大学卒業組などが力を持ってきて、政府をけん制できるまでになっていたのですか？

小寺　モディは、今ではすべて自分の功績みたいに言っていますけどね（笑）。

榊原　これは推測ですが、アメリカで活躍するインド系人材（ディアスポラ）を見て、彼らの力をインドの国力増強のために使おうと考えたのではないかな。

海外のインド人からの本国送金が莫大な外貨をインドにもたらしたと、先ほど言われたとおり、モディは外遊に出るたびに、その国にいるインド系住民を集めて大集会をやっています。アメリカはもちろん、英国やフランス、それにサウジアラビア、ＵＡＥやアフリカ諸国でも集まりを持っています。インド系住民のいない国はないですからね。

それは選挙対策の意味もあるでしょうが、今は単に送金だけでなく、ディアスポラによる里帰り投資を促しているのではないかなと推測します。

小寺　私のカナダにいるインド人の友人もそのことを認めています。モディは外遊すると、必ず１日は在外インド人を集めた集会に参加する。集会といっても数十人とかいうレベルではなく、大規模な劇場や、ときには競技場に数万人のインド人たちを集めての集会です。そこはあまり海外のメディアには紹介されないので外国人は気付いていないかもしれませんが。

しかし、それもあまり派手にやると、地元の人たちから煙たがられることもあるので、あまり刺激的なニュースになってほしくないと思うインド系住民もいるようです。

榊原　同じことを中国の要人がアメリカに行ってやったら大変なニュースになります。

里帰り投資というのはインド人ディアスポラだけではなく、どこの国の人たちにも見られますね。たとえばベトナム難民だった人たちで、アメリカで成功した経済人がベトナムに投資する例なども多いと聞いています。とくにインドはアメリカでの成功者の数が図抜けて多いですからインパクトも大きい。

「アーダール（Aadhaar）」＝国民IDシステムを導入

榊原　モディの施策のなかで重要なことは、単に経済の自由化だけではなくて、ＩＴ産業の育成に積極的に取り組んだことです。

小寺　ＩＴ化は経済自由化政策と一緒に進められました。これには２つの側面があり、ひとつはインドに巨大なＩＴアウトソーシング産業が生まれたこと、もうひとつはＩＴを自国の国家運営にも最大限活用したことです。この２つがいかに革命的な変化をインドにもたらしているかを少し述べましょう。

まずは自国のＩＴ武装（ＩＴ・トランスフォーメーション）についてです。

インド政府は２０１０年に「アーダール（Aadhaar）」といわれる国民ＩＤシステムの発

行を始めました。このIDカードは虹彩《こうさい》認証、指紋、顔認証で個人特定ができ、QRコードによって電子決済との紐《ひも》づけができるシステムです。そして、すでにほとんどすべてのインド国民が保持しています。

榊原　日本のマイナンバーカードに相当するものですね。

小寺　おそらくインド政府の頭のなかにはアメリカのソーシャルセキュリティのようなシステムがあり、このカードを全国民に強制的に持たせようと考えたようです。

しかし、そのIDには個人情報が詰まっているわけですから、裁判所のほうから強制はできないと言われ、取得は任意になった経緯があるそうです。

それにもかかわらず、導入は驚異的な速さで進み、今ではおそらく95％以上の国民が所持しています。その理由は簡単で、国民にとってこのシステムを利用することのメリットが大きいからです。

榊原　国民に理解しやすい仕組みとインセンティブだった。

小寺　ただしインセンティブといっても日本のようにマイナンバーカードを申請・取得したらポイントをあげるというようなものではありません。

このIDの導入により国と国民の両方にメリットがあるのです。たとえば税の徴収面です。インドでは貧しい家庭においては出生届を出さない家が多かったのに、このＩＤ導入でそれがほぼ皆無になりました。

榊原　税の徴収はインドのみならず、新興国においては大変コストのかかるものです。

小寺　このＩＤによって税の徴収漏れが激減して政府の税収が上がりました。

インドでは従来、付加価値税、物品税、商業税などいった税が国と州政府に分かれて徴収され、さらに州をまたがる物流に対して「オクトロイ」と呼ばれる物品入市税などがありました。このような世界に類を見ない複雑きわまりない税制がインド経済の発展の足かせとなっていました。それがこのアーダールシステムの導入に合わせるように税改革が行われ、２０１７年にＧＳＴ（Goods&ServicesTax）という一本化された徴税方法に変えられました。これにより徴税方法が革命的に簡略化され、減税措置なども即実行される体制が整ったということです。

榊原　国家にとっては大変大きいメリットです。

小寺　またＩＤカードは、クレジットカードやＱＲペイメントなどの電子決済のシステムとリンクさせることで電子通貨の利用が急拡大し、税の徴収の改善につながりました。

さらにＩＤカードは老齢年金や低所得者への補助金の支払いにも使われます。コロナワクチンの接種情報もこのＩＤ上で確認が可能になったのです。

どうですか、すばらしいと思われませんか？

榊原　インドで、そんなたやすく大成功した事業が、なぜこの日本では遅々として進まないのか。その答えがあるようです。

小寺　私がシステムエンジニアに聞いたところによると、日本の場合、各省庁や自治体が持っている既存のシステムすべてにマイナカードをつなげるのに大変複雑な構造のシステムづくりが要求されるそうです。日本のお役所の縦割り行政の問題がそのままマイナカードのシステムの複雑さに影響している。いわゆる分散型のシステムと呼ばれるものらしいです。

一方インドのアーダールＩＤは統合型と呼ばれ、このＩＤシステムがすべての個人情報の起点となって各省庁や銀行などが自身のシステムをそれにつなげるように設計されているそうです。

さらに重要なことは、インドで、なぜこのＩＤがこれほどまでに短期間で普及したかというと、ＩＤ発行と同時にすべての国民が銀行口座を無料で開設できるようになったからです。

インドのIDカード

町の小売店はすべてスマホ決済

その上で「ジャン・ダン・ヨージュナー」と呼ばれる政策を並行して行いました。

榊原　はい、聞いています。農業従事者向けの新たな政策です。

小寺　そうです。アーダールIDを持ち、銀行口座を持てば、小規模農業にたずさわる農家には年間6000ルピー（1万1280円）の補助金が毎年支払われます。1億2500万人の家族がその恩恵をうける仕組みです。

榊原　すばらしい。

小寺　これ以外にも、コロナ補助金や年金、失業保険の支払いにもこの口座が使われ、1万ルピーまでのオーバードラフト（当座貸越し）ができるという至れり尽くせりの政策です。これならばIDを取得して銀行口座をつくらない理由はありません。分かりやすく目に見えるメリットです。

実際どんな小さい商店でもIDリーダーとQRコードリーダーを備え、どんな貧困家庭でもスマホを所有しているので、このシステムは完全に定着しています。前述したようにスマホや通信料の安さもこのシステムの導入に寄与しています。

モディ政府の最大の成功は国家としてのＩＴ化政策を進めたこと

榊原　こうしたデジタル化したインド社会、デジタル・インディア（Digital India）の登場は、インドの持つ問題の多くを一気に解決することに大きく寄与しました。

今小寺さんが説明してくれた政策を実行するのに、インド政府は７５００億（１兆４１００億円）ルピーもの巨費をかけたと聞きました。この２つ、ＩＤと国民皆口座による税収増や複雑な行政費用の削減、２次・３次の中間業者や役人による不正や賄賂の排除など、メリットは実に大きいものがあります。

小寺　長期的に見れば、あり余るおつりがくるというものです。

榊原　このアーダールというシステムは今や東南アジアやアフリカの国にも輸出されているそうです。しかもこのシステム開発の一部（生体認証）には日本企業、ＮＥＣも関わったと聞いています。何でマイナンバーカードに使われてないのかな。

小寺　分かりません（笑）。

榊原　しかしこういうことができるのは、やはりモディの剛腕があればこそという気はします。どこの国でも何か新しいことをやろうとすると盛大に反対意見が出てくる。インドの場合は、これで自治体の仕事量が減って職を失う人も出てきたりするから、相当の反対があったのではないかと想像できます。

小寺　しかし今回インドに行って驚いたのは、この電子決済の普及ぶりです。10年前に行ったときはまだインドにはそんなものの影も形もなかったですし、クレジットカードですら大きなホテルしか使えなかったのです。

それが今や、どんな小さなお店でもQRコード決済ができるし、みんながそれを使える。お年寄りでさえもね。それに合わせるようにスマホの普及の度合いがすごくて驚かされました。基地局の数も膨大だと思いますし、これだけ電子決済が進めば、当然ながら通信料も安い。NTTドコモがこの時代の到来を予測できていたらインド進出の仕方も変わっていたかもしれません。

榊原　そうかもしれません。

インドは「デジタル・インディア・イニシアチブ」と銘打って政府主導によるデジタルインフラ整備を行ってきました。そしてそれを政府自身が、たとえばデジタルペイメントシステムなどの公的サービスに活かすとともに、民間企業にも開放してビジネスツールとしても利用させたのです。インドのデジタルビジネスはこうした経緯で発展した側面があります。さらにインド政府は、この公的デジタルインフラ技術をグローバルサウスの国々へも提供しようと考えています。

まとめ

▼宿敵コングレスを倒しても改革開放路線を継承したモディの才。

▼あえてヒンドゥ民族主義を隠す努力。

▼国民総ＩＤ化と総銀行口座（バンクアカウント）保持による大行政改革。

▼税の一本化（ＧＳＴ）。

▼結果として徴税能力の向上、助成金の配布の簡略化、電子決済の進捗《しんちょく》、さらには出生届の促進などによる貧困の撲滅などにつながる。

▼デジタル行政の促進により行政手続きの簡素化、ビューロクラシー（官僚主義）の排除、ひいては汚職の撲滅に貢献。

第6章

巨大化するインドのＩＴ産業と乗り遅れた日本企業

アメリカに渡ったインド人のIT技術者たち

榊原　インドのIT産業に関わる話を続けましょう。私もインドの大手IT企業のひとつである「ウィプロ」という会社の社外取締役をやっていたことがあります。そこではとにかく仕事の中身も量も毎月のように増えて広がっていく。フォローするのが大変でした。従業員数なども1年で軽く倍になったりするので、どうやってその人材を集めているのか、不思議でならなかった。

小寺　それはよく分かります。今日、インドといえば、ITあるいはソフト産業立国とふつうにみなされています。榊原さんはいつごろからそうなったとお考えでしょうか？

榊原　やはり1991年の新経済政策（New Economic Policy）の少しあとです。新しい自由化政策によって、インドにもIT産業の芽が生まれたのです。それを牽引《けんいん》したのは、やはりアメリカのIT産業だったと思います

1995年、アメリカでウィンドウズ95が発表されて、パソコン時代が本格的に到来します。そのアメリカでソフト産業を支えたのは、当時シリコンバレーに集まったインド人技術者だったのです。

ソフト制作に関わる仕事は労働集約型であり、当時アメリカに移り住んだインド人移民やアメリカ留学を終えたインド人学生たちは、その数学的能力と低賃金ゆえに重宝されたのです。やがてシリコンバレーでは、インド人技術者の数が中華系・韓国系・日系の技術者の数を上回るようになりました。

その結果、必然的にアメリカのＩＴ企業はインド本国をアウトソース先とするようになったのでしょう。その受け皿企業として従業員数40万人を超える財閥のタタコンサルやインフォシス、ウィプロといった巨大新興ＩＴ企業も生まれ、今日世界一のソフト産業を興すまでになった。ざっとそんな流れです。

小寺　アメリカに渡った優秀なインドのエンジニアは、やがてマイクロソフトやＩＢＭ、グーグルなどの巨大ＩＴ企業のＣＥＯに上り詰めるので、これらの企業がインドをアウトソース先に選ぶことはごく自然な成り行きでした。

ここで注意したいのは、ひと口にアウトソースといっても、いくつかの発展過程があることです。プログラム言語を駆使して行ういわば下流のＢＰＯ（Business Process Outsourcing）といわれるアウトソースが一般的なもので、それに加えてバックオフィス（非営業部門）やコールセンターなどがあります。最近ではＩＴ人材の高度化と高給化に伴い、コンサルティング業務やソフトの企画・設計の分野にまでインドのＩＴ企業は手を広げ、今やできないことはないオールマイティー企業へと進化しています。

アウトソーシングに乗り遅れた日本企業

榊原　日本のＩＴ関連企業は、どうもインドのアウトソーサーを活用できていないように思えます。

小寺　まさにそこは大きな問題だと思っています。欧米では世界的な規模で行われているアウトソーシング化に、日本は完全に乗り遅れているのです。

　実は、家電などのハードウェアの生産で90年代後半から起こった中国・台湾中心の水平分業化に日本は乗り遅れ、いつまでも自社中心の垂直統合型ビジネスに固執して国際競争力を失ったという現実があります。それと同じことが、今日本のソフト産業でも起こっていると思います。

榊原　なるほど。垂直統合は時代遅れとなったというわけです。

小寺　日本のＩＴソフト企業の多くが企画・設計・製造のすべてのレベルにおいて垂直統合型の仕事を行っています。それゆえ日本のソフトは割高なのです。ただし日本語による日本のカスタマーに提供する限りにおいて、そのやり方でもビジネスになります。しかし、世界的にはまったく競争力のないものとなってしまうのです。また下流のアウトソーシング仕事を海外に発注している企業もありますが、日本語という壁があるがゆえにアウトソース先が漢字文化のある中国に限られる。これも日本に特徴的な現象です。

榊原　改めて言語の障壁が問題になっている。

小寺　私も前職でバックオフィス系の仕事のアウトソーシングビジネスに関わったことがありますが、インドのアウトソース先とのコミュニケーションの難しさを痛感しました。

榊原　それも、やはり言語が理由ですか？

小寺　もともと日本のソフトエンジニアには英語という決定的な壁があって意思疎通が難しいのです。しかも、そもそもインドのエンジニアに対して上流工程の要件定義がうまくできないのです。

榊原　上流工程の要件定義とは？

小寺　基本設計ができないまま下流の細かな詳細設計に入ってしまうので、インドの技術者に適切な指示ができない。

基本的にシステムづくりは上流から下流までのいくつかの段階を経て完成されていくも

のです。それには一番大事な部分、基本設計に基づいた要件定義、つまり指示書のようなものができていないといけません。そしてそれはどこの誰が見ても理解できる言語で書かれていなければならないのです。

これを日本の場合は、もともと日本語には曖昧《あいまい》な表現が多いこともあって、エンジニアがうまく言語化できません。

それなら企画だけ日本側で行い、後はインド人エンジニアに設計・制作を任せる。そのほうが彼らの力量を最大限効果的に使うことができると思うのだけど、日本のエンジニアはそれができない。そして、それができないと、欧米並みにインドのアウトソーサーを使うことはできません。

榊原　そうしたアウトソーシングができている業界もあるんでしょう？

小寺　はい。今、日本の家電製造業はほとんど自社工場を持たなくなりましたし、中国国内にも持たず、「OEMからODM」といって、設計から製造までを海外（韓国・中国・台湾など）に任せている形になっています。

OEMは生産委託者が設計し図面をつくり、製造技術や時に製造機器の提供までも行います。製造設備への投資や製造のための人員確保も不要となり、資金的にも時間的にも効率化が図れます。

ＯＤＭはさらに進んで、製品の設計から製品開発に至るまで受託者側が担います。受託者は多くの委託者を相手に製品を供給することにより多くの製品をつくり、コスト削減が可能になります。

従来この2つの手法は中国や台湾により家電・パソコン・携帯電話・自動車など多くのハードウェアの生産に利用されてきました。

それは２０００年ごろから当たり前の世界になっています。日本の家電メーカーは商品のデザインやコンセプトづくりだけを自社でやって、その設計から先を中国などに投げるのが普通になりました。これがいわゆる水平分業型のモノづくりということです。

ソフト産業においても同様な形を取らないと、日本だけが遅れた技術で高価なシステムを生み続けるという事態が予測されます。コストと時間がかかり過ぎ、効率がはなはだしく悪くなります。

榊原　つまり、日本のソフト産業も垂直統合型から水平分業型に転換させないとガラパゴス化するということです。そこは何か、日本の企業の働き方というか、基本的な思想を根本的に変えなければいけないような気がします。

小寺　私も同じことを危惧しています。「働き方改革」のさらなるバージョンアップが必須です。

ハイコンテクストは日本だけのお家芸？

小寺　海外の事情に詳しいあるシステムエンジニアに聞いた話です。日本のシステム開発に携わる人間の働き方がハイコンテクストである。つまり、おおよそ共通の理解や知識量のある人たちが集まってお互いの空気を読み合いながら仕事を進めているというのです。

ハイコンテクストとは文化や認識の共有度の高さのことを言います。同じような国に生まれ同じような教育を受けた人間同士であれば、言語化しなくても「常識的に」共有できる事柄が多い。他方バックグラウンドが違う人間同士であると、言語化された「決めごと」によってのみ情報の共有が可能になります。その環境をローコンテクストと言います。

実際に、あるプロジェクトを立ち上げるときに、上から「こんなことをしたい」という漠然とした提案を受け、ハイコンテクストなプロジェクトマネージャーから同じくレベルの高い詳細システム設計の人たち、つまり上流から下流までの人たちが集まって、「ああでもないこうでもない」と議論しながら形が決まります。しかも同じようなバックグラウンドを持った人同士のコミュニケーションですから、はっきりと言語化しなくてもお互い理解できてしまいます。

榊原　海外は違います。日本のような阿吽《あうん》の呼吸は通用しません。

小寺　欧米もインドも、基本的にはローコンテクストな人たちでつくられたピラミッド型の組織です。仕事を遂行する人間の能力の差は認めた上で、何をつくるべきかが簡素化された言語（簡明な言葉）で上から下へ言い伝えられるのです。

　ですから、はっきりした要件定義があれば、分業体制のなかで仕事の割り振りが簡単にできる。アウトソース先に対しても明瞭な指示が出せる土壌があるので関係性が築きやすいということです。

榊原　もちろん英語という言語が論理的で明瞭であることから、他民族間のコミュニケーションに適しているとか、時差的にもインドがちょうど欧米の反対側にあって、夜頼んだ仕事が翌朝には上がっているといったメリットもあるようです。

小寺　日本企業がアウトソーシングを中国に依存している理由は何かといえば、日中の言語的歴史を見ると、どちらもハイコンテクストな人たちの集団であると分かるからです。そもそも中国のシステムエンジニアが日本で学び、日本流のシステム開発手法を習ってきたからです。

榊原　そのなかには日本語が流暢《りゅうちょう》な人も多いだろうし、コミュニケーションが比較的簡単に取れるということもあるでしょう。

小寺　それもあるでしょう。しかし大きくは、日本と同質な考え方や言語を持った中国人ですからソフトづくりも同じようなアプローチができるので、日本側との相性が良いからでしょう。

ただ、この状況もいつまで続くかは分からないですよ。中国でも、米国などで学ぶエンジニアの数は急増しているからです。

「ジャパン・アズ・ナンバーワン」。過去の幻想を捨てよ

榊原　基本的なことですが、なぜ、インドのエンジニアがそんなに優れているのか。実際のところはどうなんでしょう？　現場の感想をお聞かせ願いたい。

小寺　インド人のなかには確かに天才的なエンジニアやＩＴ企業経営者もおります。ゼロを発見した国であり、平気で２桁の掛け算を暗算できるなどの特性もあります。でも、むろん全員がエンジニアに向いているわけではありません。どの民族でも同じように、経験

や学力によってやれる仕事が限られています。
つまり、ローコンテクスト、できる仕事に対して正しい指示が出されれば結果を出してくるということです。欧米の社会もインドの社会も、このローコンテクストの集団でできあがっているので両者が組みやすいということではないでしょうか。

榊原　どうやらハイコンテクストの日本だけが置き去りにということになりそうな話です。でも、けっして諦めてはいけません。道はあるはずです。小寺さんの処方箋はどうなりますか？

小寺　考えてみれば、日本の教育はきわめて特徴的です。すべての生徒にハイコンテクストな内容の教育を提供し、企業は同じような能力の人材を横一線で雇い、教育する。すると全員商品企画ができて、設計もできて、製造もできて、販売もできる人に仕上がる。けれど半面、突出して優秀な人材が生まれなくなるし、なにより実際の現場で仕事のスピード感が出てこない。

榊原　同感です。

小寺　さらに、この教育思想が日本人の労働時間の長さにも関係してきます。この生産性の低さも、その労働時間などに起因しているのではないでしょうか。

欧・米・印は最初から分業が基本形であり、どこにその仕事を割り振ったらいちばん良い仕事ができるのかを考えながら進める。繰り返しになりますが、水平分業がモノづくりだけでなくITやソフト制作においても基本となっているのです。日本流の垂直統合は「自分たちはすべてにおいて最高の仕事ができる」という「ジャパン・アズ・ナンバーワン」信仰にすぎません。

もはやそんなことを思っている外国人は一人としていないなかで、日本人だけが変わらずそう思っていると自覚したほうがいいでしょう。

榊原　手厳しい指摘です。日本のビジネスパーソンで、今そんな幻想に浸っている人はいないと信じたい。

小寺　だと、いいんですが。そして徹底的な英語教育も必要です。日本ではこれからもITエンジニアの数が絶対的に不足するわけですから、インドでのアウトソースが事業の成功のカギとなるはずです。しかしそのためには自社の構造改革や意識改革、そして教育制度の見直しが必要と考えます。

榊原　これからインドに進出しようと考えている企業は、まずは自社の構造改革・意識改革からやれということです。それにしても、教育に関しては国家的な取り組みが必要です。

日本でも増えてきたインド人ITエンジニアの採用

榊原　日本のＩＴ企業のインドへのアウトソースがうまくいっていないことは分かりましたが、それならばインド人エンジニアに日本で働いてもらうのは可能でしょうか。日本ではＩＴエンジニアが圧倒的に不足していて、それが国の発展そのものの障害になっているぐらいです。インド人エンジニアを採用したという企業の話を多く聞きますが、実際はどうなんでしょう？

小寺　日本におけるインド人エンジニアの採用は確実に増加していると思います。外国人の採用に関しては10年前だったら主に外国人実習生がメインでした。しかもＩＴエンジニアなどはその範疇《はんちゅう》に入っていませんから、ＩＴ業界には何の意味ももたらされませんでした。

ところが現在は、大手・中小の人材紹介会社で外国人エンジニアの紹介をしている会社が急増しており、それだけを見てもニーズが上がっていると思います。

榊原　しかしアウトソースをインドでうまくできない日本企業が日本でならうまく使えるというのは、少し矛盾するように思うのです。定着率とか実際の効果とか、何か良い話も聞こえてきますか？

小寺　そこはいろいろと問題はあると思います。

これはとくにインド人に限った話ではなく、外国人採用における日本企業の根本的な問題として、やはりコミュニケーションの問題が大きいと思います。

数値的な裏付けはありませんが、いくつかの企業で聞いた話では、優秀な外国人を雇えば雇うほど彼らの能力が発揮できる場を提供できないという問題があるようです。

その理由としては、前述の「要件定義」ができない、きわめて日本的な上下関係もあります。また日本側にある英語によるコミュニケーションの難しさもあるようです。

ですから、日本語のある程度できるエンジニアの場合は定着率も高いのです。でもインド人エンジニアには、他のアジア諸国（中国、ベトナム、ミャンマー、インドネシアなど）にくらべて日本語能力の高い人の割合が少ないようです。その理由はおそらく、インドではITに関する基本的な教育を英語で受けているので日本語を学ぶ必要性がなかったことが大きいと思います。

榊原　確かにそれは言えると思いますが、成功している例もあるわけですか。

小寺　はい、あります。

これも聞いた話ですが、インド人エンジニアを日本人グループのなかにポツンと1人入れるのではなく、インド人がメインのプロジェクトグループをつくり、そのなかで自由な発想で働いてもらう方法が良いようです。その場合はコミュニケーションの問題がなくなり、結果を求めるインド人的働き方が良い成果をもたらすということのようです。

榊原　それはいい話です。インドに仕事を出すときは日本側の考え方を変えてアプローチしなければならないという先ほどの話でした。日本でインド人に働いてもらう場合も、今までのやり方で仕事を進めてはダメだということです。

小寺　そうだと思います。

榊原　しかし私の理解では、インドのＩＴ業界の急成長を見ていると、インド国内でのエンジニアのニーズは高く、世界中でＩＴエンジニアは不足しているので、この円安の日本に来てくれるインド人エンジニアなんか、そういないのではないですか?

小寺　それがそうでもないのです。

実はインド全体の失業率は近年7・6%ぐらいです。ここ10年ぐらい改善しているのですが、なんと若年層（15～24歳）の失業率は非常に高いのです。しかも高学歴になればなるほど失業率が高く、大卒の失業率は28%近くにのぼります。これは現在のモディ政権の最大の課題のひとつと言ってもよいです。

理由はいくつかあると思います。ひとつには農村部から都市への人口流入が激しく、働き手の偏在があること。もうひとつは、急激な経済発展と都市化により若い人の高学歴化が進み、大学生の数が飛躍的に増えたことです。

現在大学生の数が４０００万人といいますから、とてつもない人数です。この状況は中国などとも共通しています。

榊原　それで日本に来るインド人エンジニアが増えたということですね。了解しました。ほかにも日本に来る理由は何かあるのでしょうか。人材紹介会社などはインド人エンジニアが円安にもかかわらず日本に来る理由を、日本に「報酬を超えた魅力があるから」と言っていますが、そこはどう思いますか？

小寺　その魅力が何なのか私もよく理解していません。実は10年ほど前、インド工科大学（ＩＩＴ：Indian Institute of Technology）の評価が世界的に高まったころ、日本の大手企業が学生の採用を希望したり、東京大学なんかもＩＩＴから院生を呼び込もうとしました。でもあまり反応は良くなかったと聞きました。

榊原　東大もね〜。

小寺　やはり言語の壁みたいなものがあり、英語でどこまで学べるのか、最新技術に触れられるのかといった不安があったのだと思います。また海外に行くのならアメリカが候補地としては優先ということだったのでしょう。

それが近年になって変化が見られるというのは、大学生の増加に伴う失業率の高まりに加えて欧米での就労ビザの制限もあるようです。インド人移民の急増に対する警戒感が欧米に生まれつつあるのです。モディ首相はインド人ディアスポラの貢献を高く評価していますが、受け入れ国は移民問題が政治問題化することに敏感になっています。

それに反して日本ではＩＴエンジニア不足ですから、いわば引く手あまたの状態です。日本の魅力としては安全とか日本文化への興味とかもあるでしょうが、本音は日本である程度経験を積んで、その後欧米へ行くためのステップとしようと考えている人も多いようです。

榊原　結論を言うと、この状況は日本にとっては好都合なわけですから、インド人エンジニアを上手に使えば業績アップにもつながるということです。

小寺　私もそう考えます。

まとめ

▼アウトソーサー国としてのインドのメリット。

▼米国の巨大ＩＴ企業を制するインド人材。人件費メリット、時差メリット、英語メリットが大きい。

▼日本のＩＴ企業はなぜ中国依存で、インドのメリットを享受できないのか。

▼ハイコンテクストとローコンテクスト。日本人は「要件定義が下手」、日本語による曖昧表現の問題。

▼モノづくりにおいても水平分業型に転換させないと日本はガラパゴス化する。

▼日本でもインド人ＩＴエンジニアの採用が増えてきた。

第7章

インドが描く大いなる未来「VISION OF INDIA」

中国を超えたインドの人口

榊原　２０２３年にインドの人口は中国の人口を超えましたね。実は私、インドの人口は2年ぐらい前には中国を超えていたのではと思っています。

小寺　どうして、そう思われたのですか？

榊原　インドの人口について、実はあまり知られていなかったことがあります。国勢調査がちゃんとできていなかったこともあるし、そもそも出生届を出していない家族が相当数あったのではないかということです。

その理由は、そもそも出生届なるものを提出する義務も知らなかったし、知っていても提出するメリットが低所得層には分からなかった。

小寺　それは大いに考えられます。冒頭に紹介した友人の家の使用人もそうで、子どもが生まれても何の届け出もしなかったそうです。

しかし先ほど話したように、国民ＩＤ（アーダール）と銀行の国民皆口座制度が各種の補助金や生活援助金受給のためのツールであると知った貧困家庭が、近年こぞって出生届を出しました。ですから、今ではインド人口の正確な数が分かるようになったと思います。

中国でも一人っ子政策のあったころは、２人目以降の子どもの出生届を出さなかった例は多くありました。その時点では隠された無戸籍人口が存在していたので、同じような事情と言えます。

榊原　２０２３年の世界の合計特殊出生率を見ると、インドの２・07に対して中国は１・45となり、インドと中国の人口差はどんどん開く傾向にあります。

小寺　加えて、中国は急速に少子高齢化の領域に突入しています。

ちなみに日本の出生率は１・20、韓国は１・11と極端に低くなっています。先進国のなかではフランスのみが２・02と２を超えていて、米国１・84、イギリスの１・63も、日韓と比べて決して高い数字ではありません。

榊原　欧米先進国では、これに移民の流入や、その移民による出生などがあるので、現実には全体の人口はまだ増えつつあります。出生率だけを見ると、トップから50番目ぐらいまではほとんどアフリカ諸国が占めています。

いずれにしても、インドが世界最大の人口を有する国となったことは疑いようのない事実です。

人口と経済の相関関係

榊原　人口と経済の関係を見ると、実は産業革命以前の19世紀前半までは世界のＧＤＰの20％ぐらいを中国が占めていて、インドが15％ぐらいです。もちろんそのあとに中国もインドも西欧列強に支配されていたのですが、ＧＤＰだけで見ると人口に比例しています。つまり単純化して考えれば、人口＝ＧＤＰといってよいでしょう。

小寺　それが産業革命後は、中国もインドも経済的には著しい退潮の歴史を刻みます。

榊原　中国では、第二次世界大戦後、社会主義経済を行っていた時代は自給自足型経済に近く、大きな人口はむしろ国家財政を圧迫する要因となり、負荷となっていました。

小寺　毛沢東政権の経済失政が続き、１９５９〜１９６１年の大飢饉の発生で１６００万人から２７００万人という餓死者を出したとも言われます。

榊原　ところが鄧小平の改革開放によって安い労働力を駆使して農業生産や工業生産が輸出に貢献しだすと、大きな人口はむしろ大いなる強みとなったのです。

さらに国内に富の蓄積が進むと、今度は内需が拡大し、輸出の大小のブレを国内で吸収できるようになり、適度な循環型の経済が生まれたのです。

小寺　インドもほぼ同じサイクルです。自給自足経済→輸出の拡大→内需拡大のループが、中国に10～20年遅れてやってきました。

榊原　このあたりの中国とインドの発展度合いの違いを見ると面白い。中国は1966～1976年の文化大革命によって経済発展はほぼ停滞、マイナス成長の時代です。文化大革命の終息後の混乱のなかから鄧小平などの改革派が力をつけてきた矢先の1989年に天安門事件が起こり、いったんは中国に目を向け始めた欧米や日本も中国への警戒感を強めてしまいました。

小寺　そのころのインドはというと、3度のインド・パキスタン紛争などを経験し、中国と旧ソ連の関係が冷え込むなか、旧ソ連に接近するなど外交面の失策が続き、経済面の近代化は遅れ気味でした。

榊原　そもそも論ですが、一国の経済発展を強力に推進しようとしたときには、旧制度の見直しや新しい政策の導入などを強制力で進める政治主体が必要になってくる場合が多い。その意味で言えば、中国では鄧小平の後に江沢民《こうたくみん》、胡錦濤《こきんとう》、習近平ときわめて専制主義的な色合いの強いリーダーが次々と現れ、中国は目覚ましい発展をとげることになります。

小寺　一方で、その時代にインドではネルーファミリーによる政権支配力が薄れ、政治的に不安定な時代に突入し、経済は低迷します。

中国との比較で言えば、１９９０年ごろの1人当たりＧＤＰ（GDP per capita）が同じぐらいであった中国とインドは、２０１６年には4倍近い差に広がってしまいました。この中国とインドの経済発展の格差については、多くのインド人が半ば自虐的に「これは専制主義と民主主義の差」であり、「世界最大の民主主義国の持つジレンマである」と言ったりしました。

榊原　しかし今日、その中国では輸出と内需の拡大基調が崩れつつあります。その最大の理由は設備投資や不動産投資に関わる過大投資と内需・輸出の鈍化です。

それはアメリカによる対中経済制裁、締め付けのせいもあります。しかも出生数の極端な落ち込み現象を読み間違えたのも一因といえるようです。中国は２０１５年に一人っ子政策を転換させたが時すでに遅く、政策転換しても出生率は伸びていません。

小寺　人口動態に関して同じことがインドに起こるかというと、一応イエスなのです。しかし現在のインドの平均年齢が約28歳、中国が38歳ですから、この比較で見ると、人口の平均年齢でインドが中国に追いつくことはほぼ21世紀中にはなさそうです。つまりインドの「中国化」はあるにせよ、相当な時間をかけてやってくる。ちなみに、日本の平均年齢は49歳です。

榊原　ただし、一般に文明の発達と出生率は反比例するといわれます。生活にゆとりができて人生の選択肢が増えると、出生率が減るのは自明のことで、そこは何とも言えない部分はあります。

最近の統計では、アフリカでも出生率がどんどん落ちてきています。世界の総人口は2058年ぐらいに100億人に達すると言われていますが、それ以降は増加しないのではないかという推測もあります。人類も生物学的に見ると、そのあたりが限界なのかもしれません。

インドの働き方改革と女性の労働参加率

小寺　インドには労働環境に関しても解決困難な問題がいくつもあります。単純に仕事を増やせばよいというものではなく、いわゆる労働参加率（Labor Force Participation Rate）を見る必要があります。

労働参加率とは、生産年齢（15歳〜64歳）人口に占める労働力人口（就労者＋完全失業者）の割合です。

インドはとくに女性の労働参加率がきわめて低いのです。インドは農業人口が多いことばかりが注目されますが、この女性の労働参加率の低さも大きな問題です。それはインド社会に残る「女性は働くべきではない」というジェンダー規範、宗教やカーストの問題などがあるからで、単純に教育機会を与えれば済むという問題ではないようです。

榊原 インドにおける女性の社会進出や婚姻にまつわる不平等などは、制度を改めればそれで問題が解決されるという単純なものではありません。長い間の文化や因習に根差したものは形式的なルール変更では変えられない。

おっしゃるように、インドの女性の労働参加率は23%と、世界平均を大きく下回ります。経済が成長して教育改革も進んでいると思われるのに、以前に比べて近年低下しているというのですから、これはジェンダー規範や社会規範だけでは説明がつきません。

小寺 確かにどの評論家の意見を調べても、そこのところの説明はありません。インドでは政治家や知識人のなかで女性の活躍をよく目にします。しかしこの女性の労働参加率に関しては、われわれが見ている現実と逆行していると思われます。

先日も面白いデータを送ってくれた人がいて、インドの民間航空では女性パイロットの割合が12・4%でアメリカの5・5%よりはるかに高いそうです。しかも女性パイロットのほうが事故率は低いとか。

榊原　ほう、それは初めて知る事実です。

小寺　そんな面も見られるインドの女性社会なのです。ただし一歩農村に踏み入れば、まったく異なった国であるかのような旧世界が一方では存在するのです。

ただ、統計で見ると農村にも明らかな変化が生まれています。農業従事者の数がここ10年で大幅に減って、その分サービス業従事者が増えているのです。つまりは農村でも機械化が進み、労働生産性が良くなった分、女性が農作業に駆り出される時間が減ったとも考えられます。

ですから今後、職業訓練教育の環境などが良くなるにつれて、サービス業や製造業に移っていく女性が増えてくるのではないかと私は思います。もちろん、それは都市への人口集中と農村の過疎化というあらたな問題も引き起こしそうです。でも、それはしばらく後の話になるでしょう。

そうした根本的課題はあるものの、それまでのインド政治には考えられなかった思い切った政策を労働分野で断行しようとしているのは間違いないのです。

「ＶＩＳＩＯＮ ＯＦ ＩＮＤＩＡ」。８つの目標

小寺　そこで注目されるのが２０２１年8月15日、インドの75回目の独立記念日に発せられたモディ首相の「ＶＩＳＩＯＮ ＯＦ ＩＮＤＩＡ」です。この宣言は実に力強い内外へのメッセージとなっていて、世界中が刮目《かつもく》しています。榊原先生は、これをどう見ておられますか？

榊原　それが出てきた背景を少し説明しましょう。

２０１４年に首相となったモディは翌年、ＮＩＴＩ（National Institution for Transforming India）という名の公共政策シンクタンクを立ち上げました。このシンクタンクの目的は、独立（１９４７年）から１００年を迎える２０４７年にインドをどういう国にするか、そのビジョンと道筋を描くことでした。

モディはこういったシンクタンクを上手に使うんです。経済危機時代の政府の経済顧問であったモンテックもそんな一人ですが、欧米の大学で勉強してきた官僚を使ってインドの近代化を計ろうとしたのです。

小寺　「ＶＩＳＩＯＮ ＯＦ ＩＮＤＩＡ」は、８つのテーマについて目標設定を行ってい

ます。それは単なる美辞麗句や数字の羅列ではなく、目標に到達するための障害となるものや、その駆逐方法やチャレンジについても具体的に言及したところに特色があります。（下図参照）

榊原　おっしゃるように、官僚が作成した割にはとても具体的です。モディの指示があったのでしょう。

小寺　この8つの目標に至るまでのロードマップが今後発表される予定です。むろん、政府自ら目標到達の難しさも理解した上での挑戦となっています。

たとえばGDPひとつ取っても、今の中産階級5000万人を5億人にまで引き上げなければならないのです。そのた

「VISION OF INDIA」8つの目標

1	インドのGDPを2047年までに30兆ドル（約450兆円）に到達させる。一人当たりのGDPを1万8000〜2万ドルにもっていく。
2	国中に世界水準のインフラを整備する。とくに鉄道、高速道路、港湾、電力、衛生インフラ。
3	Digital Economy網を完成させ、役人の介入をできるだけ排除していく。
4	すべてのセクター（事業領域）で3〜4のチャンピオン企業を育てる。そのために企業の構造改革、M＆Aを進め国産技術の開発とイノベーションを起こす。
5	自給自足可能な軍備と宇宙産業を育てる。
6	グリーンな社会の建設のためカーボンエネルギーからの脱却を計る。
7	若者の教育の徹底を行い、すべての若者に仕事を与え、勤労現場での権限の委譲を促す。
8	外国のR＆D組織などと協力し、世界のトップ100ラボのうちの10のラボをインドにつくる。

https://loksabhadocs.nic.in/Refinput/New_Reference_Notes/English/16012024_112431_102120474.pdf

めには年率9％（名目）ぐらいの成長をあと25年間続けなければならない勘定です。しかし、現在の7％ほどの成長率をさらに加速できるのだろうかという疑問が当然出てきます。

榊原　世界銀行のいう「中所得国の罠《わな》」（Middle income trap）という概念があります。どの国でも1人当たりの年間収入が5000～6000ドルぐらいになると、GDPがスローダウンするという意味です。まさに今、中国がその段階に差し掛かっています。インドはそこをどう突破できるのかということです。

また今インドがエンジョイしている「人口ボーナス」に関しては、2048年に16・4億人となり、その後はピークアウトするとインド政府は予想しています。「人口ボーナス」とは、人口増により生産年齢人口が増えることです。中国よりは高齢化社会の始まりはゆっくり訪れるかもしれませんが、経済成長の鈍化は人口のピークアウトの前に現れると予測されます。

小寺　そこは日本も経験している部分です。日本の人口がピークアウトしたのは2019年ぐらいですけど、その20年ぐらい前から生産年齢人口が減り始めています。それはまさにバブルの崩壊時期と合致しています。生産年齢人口の減少は、すなわち高齢者人口の増加ですから、国の経済にとっては負担の増加以外のなにものでもありません。

中国はこの日本の現象をよく見ていて、日本経済の低迷はどうして起きたのかを熱心に研究していたはずです。しかし人口の減少は中国といえども止めようがありません。

榊原　それどころか、日本のバブル崩壊の発端が不動産への過剰投資から始まったと、ちゃんと分析していたのに、今の中国の状況を見るといったい日本から何を学んだのかと言いたくなります。政治家はいったん成長軌道を経験すると、なかなかネガティブな現実を見ようとしない。加えて中国では失敗を隠して政治問題化させないという暗黙の了解ができている。

そこはインドとは逆に、中国が民主主義

「先進国化シナリオ」策定にあたっての目標となる指標

指標	参考2023年	2030	2040	2047
名目GDP（US$兆）	3.73（IMF）	6.69	16.13	29.02
Per Capita 名目GDP（US$）	2,612（IMF）	4,418	10,021	17,590
輸出（US$兆）	貿易0.45+貿易外0.33＝0.78（商工省）	1.58	4.56	8.67
輸入（US$兆）	貿易0.71+貿易外0.18＝0.89（商工省）	1.88	5.92	12.12
投資（ルピー兆）	—	195.5	591.1	1,273.4
預金（Savings）（ルピー兆）	—	207.8	649.4	1,339.7

出所：NITI Aayog　提供：一般財団法人インド経済研究所

国でないことの弊害が出始めたということかと思います。

小寺　インドが、これからそうした教訓をどう生かして「VISION OF INDIA」を達成するか、とても興味がわきます。他人事《ひとごと》ではないんですが（笑）。

働き方改革とDXの導入

榊原　さて次に、モディの改革8項目の3番目に「お役人の介入を減らす」という項目があります。そこは旧政権では手を付けてはいけない、ある意味タブーと言われていた領域です。そういうところにもモディは切り込んでいます。

小寺　政府は、「インドの今までの公的機関（パブリックセクター）を特徴的に示す言葉は非効率、腐敗、万年赤字であるので、思い切った民有化を断行する必要がある」と述べています。政府自ら問題をこうあからさまに言い切ることは、皮肉ではなくすばらしいことです。

また、「中産階級を育てるには減税が必要」「とくに直接税のなかでも個人の所得税を全廃するぐらいが必要」とも述べています。これも今までのインドの社会主義的政策を真っ向から否定する政策です。

非常に保守的であった労働現場における働き方改革では、「企業においてより労働者参加型のオペレーションをめざし、それを可能とするスキルを学ぶ機会を企業は与えなければならない」としています。これもヒエラルキーのでき上がった権威主義的性格の強い職場にあっては、乗り越えなければいけない社会的挑戦です。

榊原　その困難を乗り越えるための手段として、働き方改革ではＤＸ＝デジタル・トランスフォーメーションの導入がきわめて重視されています。

小寺　はい。働き方改革では、「官民ともに組織の構造改革により生産性の向上と競争力のアップをめざさなければならない。とくに金融セクター、Ｅコマース、都市計画に関連する分野」との言及があります。

つまり官民ともに、ＤＸによって生産性を向上させようということです。国民ＩＤである「アーダール」は、政府自らが最初に手掛けた最重要施策のひとつですから、これを企業も見習ってほしいというところでしょうか。生産性の向上は官民共通の課題ですが、それはデジタル化によって達成されると明確に述べています。

榊原　文字どおり、世界でいちばん大きい民主主義・経済大国をめざす。そんな意気込みにあふれた政策宣言です。

あらゆる分野でのインフラ整備。衛生、通信、グリーンエネルギー

榊原　それでは、悪い意味で世界によく知れ渡った問題の多いインドのインフラについて見ていきましょう。

小寺　当然のことですが、インフラについては「経済の発展はインフラの整備がなければ始まらないのでインフラの整備が急務である」として、その重要性を述べています。

ここでいうインフラとは、道路、鉄道、港湾、電力など一般的なものに加えて「衛生インフラ」というのも、インドでは重要です。

聞くところによると、10年前まではインドの小学校の5割にトイレがなかったそうです。しかし現在では、ほぼすべての学校にトイレがあります。これまで衛生インフラの悪さはインドの代名詞のごとく使われていましたが、そこにも手を入れたかたちです。

榊原　インフラ整備は遅れたとはいえ、政府の税収アップに伴い、近年では予算がインフラ事業に優先的に振り向けられるようになっています。

それと、急速に発達した通信インフラは教育のデジタル化に貢献し、教育機会の拡大をもたらしつつあります。教育インフラの整備は進んでいます。

小寺　前にも話しましたが、徹底した電子決済の導入は消費の拡大を支えています。これは経済インフラ向上の革命的施策となりました。

榊原　モディの宣言の最後で、「資本の集中投下を行う。とくにインフラ整備のためには政府の補助金や思い切った金融措置が必要となる」と述べています。アップルや半導体の工場誘致などがその手始めの具体的施策です。

小寺　グリーンエナジーに関して言えば、すでにラージャスターン州などで世界最大のギガソーラー（2・3GW）が立ち上がっています。2030年までに必要電力の40％を再生可能エネルギーでカバーする計画を立てて、すでに10余りの州でギガソーラーのプロジェクトが立ち上がっています。

榊原　世界の気候変動に対する枠組みの議論のなかで、インドは他の新興国と同様に急激な化石燃料の削減には否定的でした。

しかし2021年のCOP26では、モディ首相がインドの再生可能エネルギーへの転換を積極的に進めるとの方針を発表し、世界を驚かせました。しかも2070年までに温室効果ガスの排出量をゼロにすると宣言したのです。これはインドの大国としての義務と責任を担うことの重要性を自ら宣言したということです。

小寺　それは確かに国家的なインドの急変ではありました。ただモディ首相はグジャラート州の首相をやっていたとき、大規模なメガソーラー発電をすでに手掛けていましたから、再生可能エネルギーの産業化には思い入れも強かったのでしょう。

もうひとつ、グリーンエナジーに関するモディの功績を挙げると、インドに数百万台あるといわれるオートリキシャ（三輪タクシー）の燃料をガソリンから圧縮天然ガス（CNG）に変えたことでしょう。

ほんの10年前まで、あの煙を吐いて走るオートリキシャはインドの空気汚染の元凶のように言われていたのです。最近このオートリキシャがまったく煙を吐いていないのにビックリしました。CNGだけでなく電動化も図られているので、次回に行くときは電動リキシャがたくさん見られるかもしれません。

榊原　今のインドでは、長らく「とても変わらないだろう」と思われていたことがあっさりとひっくり返る。ガラッと変わる可能性があるということに驚きます。

交通・輸送系のインフラ整備

榊原　もうひとつ、インフラ関連で遅れているのが交通・輸送系のインフラです。とくに港湾と道路です。

ここは中国の取り組みのほうが早かった。共産主義国は重厚長大なものへの投資は早いのではないかと思います。とくに高速道路や高速鉄道は１９８０年代から進めていました。２０００年代に入ると、そのインフラ技術の海外展開まで手掛けるようになり、中国の友好国づくりに大いに貢献しています。

小寺　港湾の整備は中国の世界戦略と直接的に結びついています。道路や鉄道に関しても、土地の買い上げなどは政府の思いのままにできるから、早いことこの上ない。

それに比べるとインドはさすがに民主主義国家ですから、土地の収用には長い年月がかかります。

榊原　インフラ建設に関しては、そうした問題だけではなく、技術や資金の問題もあるのではないですか。

小寺　資金についてもさることながら、技術については問題があるようです。

中国も最初のころは高速鉄道に関しても日本の新幹線導入も視野に入れていた時期もあったそうです。しかしインフラ建設は国の安全保障にも関わるので自前で建設しようとなり、大量の技術者とおカネを投入してなんとか自分たちでできるようになりました。

インドはどうかというと、実はインフラ建設も中国に依存していたようです。インドには、設計のエンジニアとか力仕事に従事する労働者はいるのに、現場経験のある中間クラスのエンジニアがいないとのことです。それはなぜかと言えば、単純に経験が余りにも少ないからです。

榊原　建設現場で指揮を執る中間管理職のエンジニアが不足しているということです。

小寺　こういう話があります。中印国境紛争というのは絶えず起きていて、直近では2022年、互いに軍隊を出すような争いがあったときに、インドは中国人のビザの発給を停止した。するとインドの道路建設に携わっていた中国人エンジニアが訪印できなくなり、工事が数か月間も止まってしまい、仕方なくビザの発給再開を行ったということです。

この一件でインドがインフラ建設にまで中国のエンジニアリング会社に依存せざるを得なかったという実態が分かってしまったわけです。ですからインフラに関しては、まだまだ技術の習得に時間がかかるかなと私は見ています。

榊原　でも、そんな悠長なこと、言っていられません。

小寺　ここはそれほど時間をかけていられない。とくに近年の自動車の爆発的な販売量に対して道路整備が遅れています。今はインド中、どこでも大渋滞で社会問題化しています。

榊原　インフラでいうと、もうひとつ重要なのが高速鉄道です。そこは確か２０１５年に安倍首相とモディ首相の間で、新幹線方式による高速鉄道建設が合意・約束されました。あれの進捗状況はどうなっているのでしょうか、何か問題はあるのかな。

小寺　あれはムンバイ～アーメダバード間の５０８キロを結ぶ新幹線計画で２０１７年に着工しています。日本政府が１・46兆円の円借款を組んでスタートしたものです。この新幹線計画は基本的にインドの4大都市を結ぶ壮大な計画の最初の区間ということで、２０２３年中には完成する計画でしたが、正直なところ、だいぶ遅れています。

　ただし遅れている理由の第一は用地買収の遅れで、強硬に反対する住民との間でいくつかの裁判を抱えてしまいました。これは十分予想されたことで、中

通勤電車も走るデリー近郊のビジネス街グルガオン

国とは違って民主主義国なればこその問題です。あとはインド側からの計画変更依頼などがあってのことで、これも政治の問題であり、とくに技術的な問題ではなさそうです。

榊原　鉄道事業にはいずれもつきものの問題です。日本だってリニア新幹線が政治問題などであれだけ遅れているわけですから、ある意味仕方ない面はありそうです。

製造業の活性化

榊原　小寺さんも指摘されたように、インドは製造業の未成熟が長らく欠点でした。投資もまったく不十分でした。

小寺　ですから産業政策の分野では、「製造業の活性化のために政府がインセンティブプランをつくり企業を助成する必要がある」との言及があり、とくに重要な領域としてエレクトロニクス、繊維産業、医薬品、防衛産業などが対象に挙げられています。

さらに「プライベートセクター（民間部門）の投資および外国からの投資の活性化のためにも投資インセンティブを考える必要がある」とあります。これは、国内外からの投資に対してタックスホリデー（免税措置）や政府補助金の提供も行うという意味です。このような政策は、東南アジアなどでは大分以前から取られてきたものですが、インドでは今までほぼ見られなかった支援策です。

榊原　後手に回った。

小寺　製造業に関しては、中国とインドはだいぶ異なる発展をとげてきたと思います。中国のモノづくりは基本的に輸出を目的としていました。最初は日用品や玩具などの小物から入り、やがて衣類、家具、家電などへ品種を増やしていったのです。積極的に海外の企業を呼び込み、技術を習得し外貨を稼いでいきました。

榊原　なるほど。外資は導入されたのですか？

小寺　90年代初頭まで、外資比率は49％以下に抑えられていました。製品はほぼすべてが輸出されるわけですから、品質は世界レベルでないとなりません。やがて技術を習得した中国企業が独自に製品開発を行い、独自に輸出や国内販売を始めるというのが一般的な製造現場で起きていたことです。

それに対してインドの外資規制は中国以上に厳しく、輸出加工区のようなものも少なく、輸出インセンティブもあまりありませんでした。また細かな製品をつくるのに際して手先の器用さのようなものが中国人に比べインド人には欠けていたということもあるでしょう。

地理的にもアメリカや日本との距離が遠く、輸送コストの面でも中国には対抗できない面もあったと思います。結局インドは相変わらず古い技術に基づいた製品づくりを続けるしかありませんでした。

またインドは2000年代に入ると外貨事情も良くなり、輸入関税もどんどん下がり始めたので海外からの輸入も増えました。つまり生活用品のような小物でも、自国でつくるよりも中国から輸入したほうが安くて良いものが手に入るようになり、ますます自国産業が育たない仕組みになっていったのです。

榊原　その最たるものが携帯電話やパソコンです。インド製の携帯電話などつい最近まで見たことがありませんでした。

小寺　おっしゃるとおり、最近でこそアップルの工場がインドにつくられる（実際は台湾のフォックスコンが工場進出してアップル製品をつくる）とニュースになっていますが、しかし安価なスマホなどは中国企業のシャオミやファーウェイの独壇場です。インドがどう頑張ってもあのコストであの製品はつくれません、少なくとも今のところは……。

榊原　それでもアップル社のインド生産は急成長していて、同社の全世界での取扱商品の3分の1はインド製になるとされています。この結果インドのエレクトロニクス（電話機関連）製品は急速に伸びており、エレクトロニクス製品全体の輸出を押し上げ、輸出製品のトップ5に入るまでになっています。

一方で、自動車分野ではインドも国産が頑張っています。あれはきっとスズキなどが早い段階でジョイントベンチャーを組んで進出したからです。スズキのおかげでインドに自動車部品産業などが興ったのではないでしょうか。

小寺　私も同じ見方です。スズキがインドに進出したころは、まだ中国にはまったく外資の自動車会社は進出していませんから。

今やインドには世界中の自動車ブランドが集まって百家争鳴《ひゃっかそうめい》状態です。それもスズキが自動車部品産業をインドに興したからだと思います。そう考えると一国を救うような産業をつくり出した鈴木修会長の功績はすごいと思います。

自己批判から新しい国家づくりへ

榊原　こうしてモディの改革の足跡を見てくると、すでに手を付けられ、効果が著しい分野が少なからずあります。

繰り返しになりますが、まずは何といっても重要なのはアーダール（国民ＩＤ）と銀行の国民皆口座政策を実行したことです。これで徴税、各種助成金の支払い、電子決済、住民登録など役所の仕事の効率化がはかられ、同時に腐敗の排除が可能になりました。

輸入一辺倒だったエレクトロニクス関連や半導体は政府の補助金のおかげで次々とローカル生産が可能になり、外資の導入も進みました。ITアウトソーシングや製薬業についてはすでにインドは世界ナンバーワンになっています。そうした分野でも成長曲線が一段と高く伸びています。

小寺　ITに関して言えば、確かにアウトソーシングに関しては世界ナンバーワンになったと言えますが、インドはそれで満足はしていないでしょう。

世界の100のラボ（研究施設）のうち10をインドに持ってくるというのは、次世代の技術、たとえばチャットGPTや自動運転などの技術に匹敵するようなAI技術がインドから生まれることを想定しているのだと思います。目標が具体的であることがすばらしいです。

それと再生可能エネルギーによる発電量は、世界的に見ても、すでに1位の中国、2位のアメリカに追いつく勢いで伸びています。これも、すごいことです。

榊原　ここまでくると、あとは先ほど申し上げた「中所得国の罠」の壁を乗り越えられるかどうかだね。それは「VISION OF INDIA」の達成年度、2047年を待たずにやってきそうですけど。
いずれにせよ、モディは自国の過去を自画自賛するのではなくて、今まで悪かったものをさらけ出して自己批判するところから新しい国家づくりをしようと考えた。日本もこれに見習って、抱える問題点をすべて白日の下にさらしてから構造改革に取り組んでほしいものです。

小寺　まあモディも政治家ですから、自己批判などという言葉は決して使わないでしょうが、前政権の批判を徹底したら、結局、インドが歴史的に持っていた病巣みたいなものを切開手術することになったということでしょう。

榊原　モディ政権にしてみれば、悪いものはすべて前政権がつくったと言いたいのでしょうがね。

ウクライナ戦争におけるインドのポジショニング

小寺　これは、ぜひとも榊原先生の見解をお聞きしたいと思ってきたのですが、ウクライナ戦争におけるインドのポジショニングについてはどう思われますか。一般的にはインドが「いいところ取り」をしているように言われています。

榊原　ロシアによるウクライナ侵攻に際し、国連のロシア非難決議にインドは棄権して態度をはっきりさせませんでした。モディ首相はプーチン大統領に対し直接「武力による問題解決は慎むべきだ」とは言ったものの、それで和平が近づくとは誰にも思えないような外交的メッセージでした。

このようなインドのポジショニングに対し、西側世界では苦々しくみる国もあれば、「インドのしたたかさ」と一種の賞賛のまなざしでみる国もあります。

小寺　実際のところはどうだったのでしょうか。

榊原　最近のインド外交の動きで目立った点を挙げると次の2つです。

ジャイシャンカル外相が「ロシアとの関係が最も長く、また安定していた」と発言しているように、インドは依然としてロシアを外交上の重要なパートナーとしています。さらに国防装備面での依存度は減ってきているとはいえ、空軍の戦闘機やミサイルでのロシア依存度は高いのです。

そしてウクライナ戦争を契機としたロシア原油価格の下落がありました。これは石油精製品輸出がトップ輸出品であるインドにとってマージンを稼げる絶好の機会です。ロシア原油の輸入を中国とおなじように進めているのです。

小寺　原油の輸入に関しては、統計を見る限り、２０２２年から２０２３年にかけてロシアからの輸入が極端に増えています。その分、従来原油をインドに輸出していたサウジアラビア、イラク、ＵＡＥ、アメリカからの輸入量が軒並み減っています。価格的にはそれぞれの国からいくらで原油を買っていたのかは分かりませんが、決済はルピーといわれており、それはインドにとってはメリットが大きいのでしょう。

榊原　ルピー決済はロシア側からの要望ではありません。そもそもドル決済ができなくなったから必然的にそうせざるを得なかったのでしょう。本音はＵＡＥのディルハムか中国の人民元でしょう。

小寺　その原油をインドは精製して石油製品としてヨーロッパに売っていたと言われています。それは本当なのでしょうか？

榊原　それは今に始まった話ではなく、インドは石油精製コストが安く、昔からヨーロッパに輸出していました。

小寺　ロシアの石油をめぐっては事がかなり流動的に動いている様子です。決済通貨の問題だけでなく、ロシア産原油を運ぶタンカーなどの船籍に急にアフリカ諸国の名前があがってきたりして、海上保険の問題も出てきているようですが。

榊原　現在、ロシア産原油に関してはインドだけが漁夫の利を得ているという時代ではなくなって、いろいろな国や組織がチャンスを狙うようになっています。

小寺　もうひとつ、ロシアとの関係で重要なのは武器輸入の問題です。インドは軍備の70％あまりをロシアに依存していると言われていますが、今もそうなのでしょうか？

榊原　そこは簡単に調達先を変えることは不可能ですから変わりないと思います。アメリカもインドに対する武器の売り込みに力を入れ始めています。２０２３年にバイデン大統領はモディ首相に対し武器に関する技術協力の申し入れをしているぐらいで

インドの原油輸入量の推移（単位100万トン）

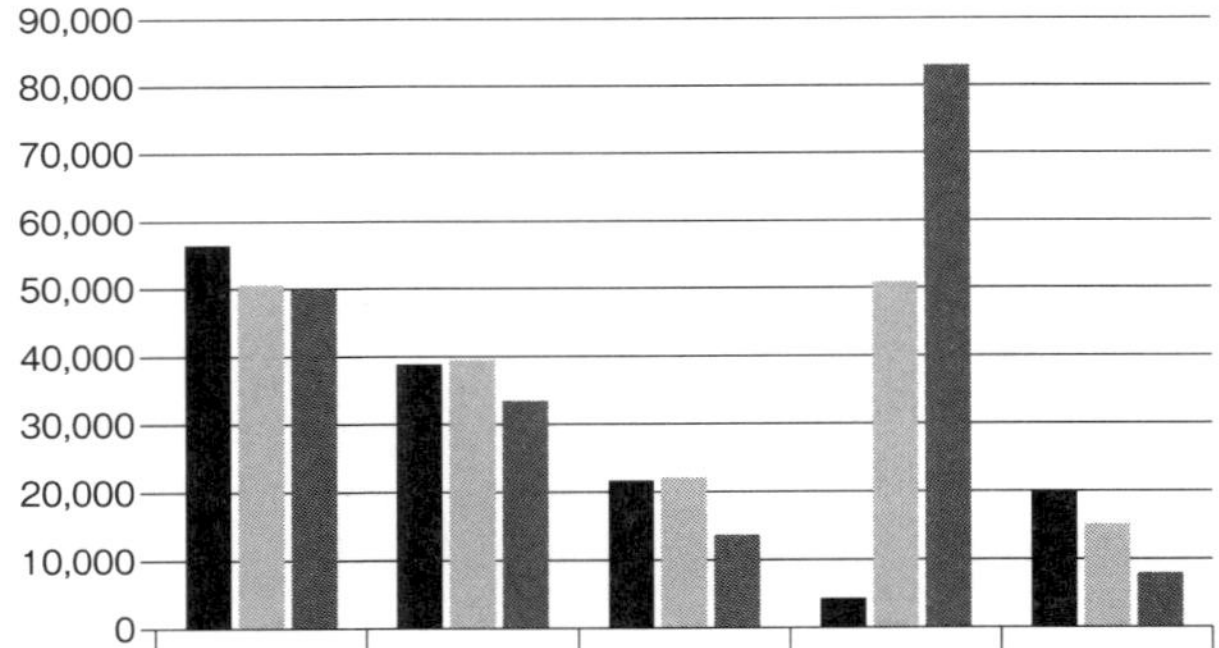

	イラク	サウジアラビア	UAE	ロシア	USA
2021-22年度	56,467	38,879	21,664	4,317	19,976
2022-23年度	50,596	39,471	22,115	50,849	15,165
2023-24年度	49,905	33,347	13,697	83,018	7,945

出所：商工省輸出入データバンクより作成　提供：一般財団法人インド経済研究所

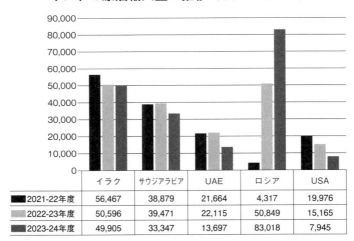

す。

武器に関して言えば、重要なことはインドにとって潜在的に脅威となっているのは中国です。対中戦略を考えた場合には一時も武器の流れを止めるわけにはいかないということでしょうね。

小寺　「Vision of India」のなかでも重要課題のひとつとして「武器の国産化」と語られていました。つまり中国やパキスタンとは現実に領土問題などを抱え、将来においてもライバル国である。両国と対峙するのに一番重要なツールである武器が自国と関係ない世界情勢に振り回されて調達できなくなるようなことはあってはならないという論理でしょうか。

榊原　そのとおりでしょう。そういう意味で石油も戦略物資ですから、インドが漁夫の利を得ているとかいう問題ではなく、彼らにとっては国益を守るという思いのほうが強いと思います。

対中問題は大きな頭痛の種

小寺　インドがグローバルサウスのリーダーであることは、ウクライナ戦争がなくても確固たる事実ではあります。

榊原 世界一の人口、世界第5位のGDPを背景に、グローバルサウスの重要なリーダー国とはなっています。インドのポジションが上がれば、おのずと中国との軋轢《あつれき》が増すこととなります。

小寺 最近インドは、日米豪印戦略対話（クワッド、QUAD）加盟だけでなく、中東産油国に接近を計っています。これも対中国を意識してのことです。

榊原 中国は海上交通路戦略である「真珠の首飾り戦略」でバングラデシュ、スリランカ、パキスタンに接近し、最近では今までインドとの関係が最も深かったモルジブにまで急接近しています。一帯一路のシーレーンでインド包囲網をつくろうとしているのです。そうしてグローバルサウスにおけるインドのリーダーシップを弱めようとしている。インドにとってはロシア問題よりも対中問題のほうがよほど大きな頭痛の種となっています。

小寺 私も、そう見ています。

榊原 ウクライナ問題でインドがしたたかさを演出しようと考えたかどうかまでは分かりませんが、今日の流動的な世界情勢を見るに、状況はまだまだ混沌《こんとん》としています。

しかしインドが自国の利益を優先させていることは間違いない。ただ、どの国もインドをそうみなしていても表立って批判できないのは、政治・経済両面でインドが大国になりつつあることの証左でしょう。

小寺　ちなみにインドでニュース番組を観ても、新聞を読んでも、海外のニュースはきわめて少ないのです。それだけインド国民は国内に目を向けている。もともとその傾向が強い国民性でもあります。実はインドの一般庶民のみならず支配層も、外交問題に関しては疎《うと》いということかもしれません。

そこでお聞きします。インドの総選挙が6月に終わりました。今年（2024年）11月にはアメリカの大統領選挙が控えています。そこで、「もしトラ」が現実のものとなったとしたら、インドの利益や政治的立ち位置に何か変化が出てくると思われますか？

榊原　いや、それはほぼないでしょう。

インドは世界のなかで最も「もしトラ」の影響がない国と言えるのではないですか。国際政治の上ではインドの「どっちつかず」の姿勢が功を奏し、引き続きアメリカはインドを自分たちの陣営に引き入れたいと願うでしょうし、ロシアも中国もインドを敵に回すことは得策ではありません。

それになんといってもインドの国力アップは見逃せません。経済的にはＩＴ産業を見れば分かるように、アメリカにとってインドは必要不可欠な国となりつつあります。

小寺　2024年1月にBRICSにUAE、サウジアラビア、イラン、エチオピア、エジプトが加わりました。私が理解していたBRICSの加盟国の定義は、「まだ先進国の領域には達していないが、これから経済的な伸びが期待される大国」というあたりだったのですが、これだけ産油国が加入してくると、もうOPECと変わりなくなったようにも思えます。ここはやはり、ロシアや中国が欧米ブロックに対抗する新しいブロックづくりに利用しようとしていると理解してよいのでしょうか。

榊原　まあそう考えるのが普通でしょう。少なくとも中・露はBRICSをドル圏から引き剝《は》がそうと考えているかもしれませんが、それはとてもじゃないが無理があります。あまりにも国力・経済力・国家体制が違いすぎます。

小寺　一方でインドは、グローバルサウスという形で新興国の結集を促しています。

榊原　インドが議長国となった2023年のG20では、すでにメンバー国になっている南アフリカ以外のアフリカ諸国をまとめたアフリカ連合をG20の常任メンバーにしました。明らかにインドがグローバルサウスの代弁者であると標ぼうしています。

グローバルサウスには中国は含まれていませんし、BRICSと比べてより外交的な意味合いが強いと思います。インドとしては中国のいない枠組みのなかで自分たちの影響力を強めたいとの思惑があるのでしょう。

小寺　そう考えてくるとインドの「したたかさ」がより鮮明に見えてきます。インドは中国を軸とした「上海協力機構」にも加盟していますし、今や中・露中心と見えるＢＲＩＣＳのメンバーでもあり、アメリカ中心でより安全保障的意味合いの強いクアッドにも入り、その上でグローバルサウスの盟主ともなろうというのです。

上海協力機構とは、最初は中国とロシアを含むＣＩＳ諸国（独立国家共同体）とを中心に、テロや過激主義をお互いに監視する目的でつくられた組織です。けれどこれもＢＲＩＣＳ同様に参加国が増え、欧米をけん制する動きも見せています。

インドは自国を誰からも排除されない立場に置いて世界に影響力を持とうという、いわば「戦略的自律主義」です。

これはネルーが築いた「平和五原則」という東西冷戦のなかで生まれた消極的中立主義とは大きく異なっています。もちろんそれは、モディ首相という卓越した政治家がいるからということだけでなく、インドの人口が増え、ＧＤＰも上がり、文化も発展し、総合的な国力が上がったという背景があることを忘れてはならないと思います。

モディ首相・バイデン大統領首脳会談は歴史的会談になるのか

小寺　２０２３年にモディ首相は２度にわたってアメリカのバイデン大統領と会談しました。この件について榊原先生の評価と世界外交における位置付けなどをお聞きします。

榊原　２０２３年６月のモディ首相とバイデン大統領の首脳会談は、予想されていたとおり今後の米印関係をさらに深める会談となったようです。一言で言えば、両国にとってウィン・ウィンの結果をもたらした会談でした。

会談後の共同記者会見で発表されたステートメント（声明）も、従来とはややニュアンスを異にして、具体的なビジョンや合意事項が多く盛り込まれ、非常に実効的なステートメントという印象です。

小寺　今回の会談で両首脳によって確認された最も重要な部分は何だとお考えでしょうか。

榊原　先端技術と国防産業における両国間協力でしょう。

米国は量子コンピュータやＡＩ技術宇宙開発などの重要先端技術協力を約束し、国防産業ではＧＥとＨＡＬ（Hindustan Aeronautics Ltd）との間でジェットエンジンの共同開発生産が決まり、軍事用無人飛行機を31機購入するが、インドで組み立てることになったのです。

小寺　それは、かなり注目すべき内容です。

榊原　そしてインド製造業界としては、最も注目されているインドでの半導体製造についても、ついに半導体製造の世界的リーダーであるマイクロン・テクノロジー（Micron Technology）社のインドへの進出が決まりました。加えてテスラ（Tesla）社のインド進出についてもモディ首相とイーロン・マスクとの面談でどうやら前進の気配が見えてきたようです。

小寺　モディ首相にとって、「メイク・イン・インディア」は長年の念願でしたからね。

榊原　「メイク・イン・インディア」イニ

インドの電子部品輸入（単位：US$億）

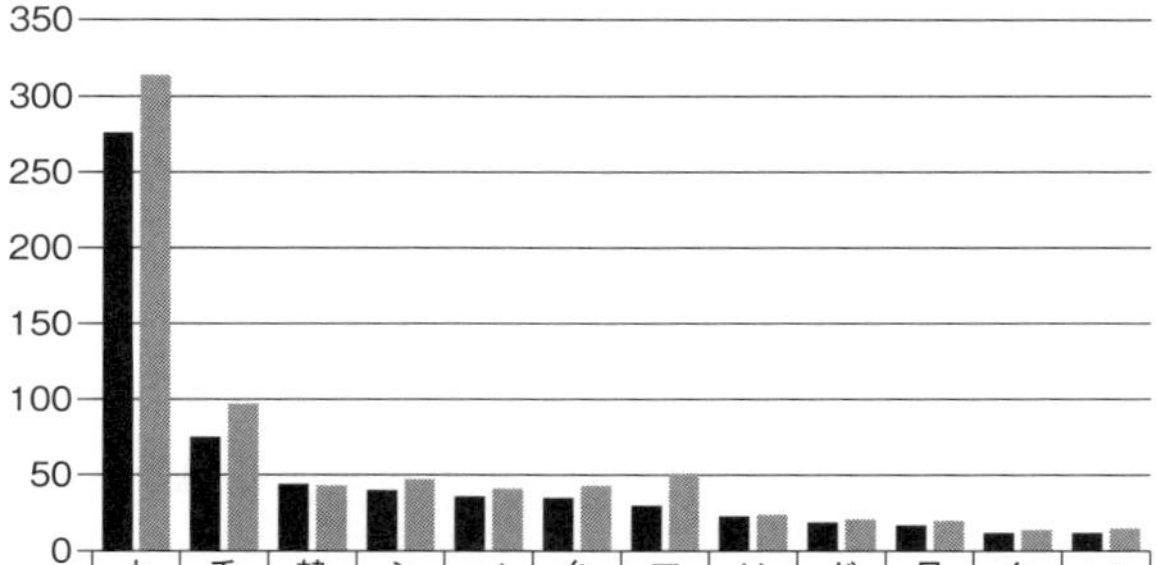

	中国	香港	韓国	シンガポール	ベトナム	台湾	アイルランド	USA	ドイツ	日本	タイ	マレーシア
2022-23年度	276	78	44	40	36	35	30	23	19	17	12	12
2023-24年度	314	97	43	47	41	43	51	24	21	20	14	15

（商工省輸出入データバンク）　提供：一般財団法人インド経済研究所

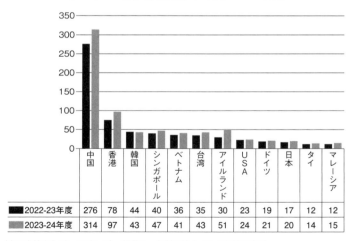

シアチブにとって大きなインパクトを及ぼすプロジェクトが次々と今回の首脳会談を契機として実現したということです。

小寺　ロシアとの関係も深いインドに対する米国の破格の扱いと言ってもいいですね。

榊原　こうした破格の対応をもってしても、米国が得られる収穫も大きいのです。それは外交舞台では中立姿勢を貫き通すインドですが、米印関係においてバイデン大統領はインドを実質的に米側陣営に近づけたと見ることもできます。

ただこのことで、インドのこれまでの外交基本方針が変わったのかというと、そうでもないのです。

小寺　そのあたりの事情をもうちょっとご説明いただけますか。

榊原　インド外交の基本は、国益第一を求める「戦略的自律性外交」です。今回のインドの得た利益というものは、まさに今のインドの国益を満たすものなのです。こうしたインドの姿勢の背後には、先ほども述べた「対中関係」も大いに影響しています。

小寺　その「対中関係」を考えると、今のインドは米国と緊密化を図ることが国益につながるということですか。

榊原　さらに私が注目したのは、共同記者会見ステートメントの前文です。ここでは両国関係は世界で最も緊密な関係であると同時に、21世紀のデモクラシーのパートナーシップでもあるとして、両国関係をグローバルベースで総括していることです。

小寺　それが「インドと米国の包括的グローバル及び戦略的パートナーシップ」という表現になるのですね。

榊原　そうです。バイデン大統領とモディ首相は、米印協力関係がグローバル社会に貢献できるものであり、今後の国際政治における重要なファクターにもなるとのビジョンを示した格好です。

モディ首相は米国上下院会合で次のように演説しています。

「今日、われわれの関係は新たな夜明けに立っている。それはわれわれ二国の運命を形づくるのみならず世界の運命も形づくるものだ。われわれの信頼関係はこの新たな夜明けの太陽のようなものであり、その光は世界中に広がっていく」

「われわれの環境や歴史は異なっているが、われわれは共通のビジョンと共通の運命によってひとつになった」

小寺　また、ずいぶんと格調高い宣言です。

榊原　思いきり米印関係の自信といったものが強調され、インドと米国の関係の深化がにじみ出ています。

また、このモディ首相の議会演説では、クアッド（QUAD）にも触れ、「クアッドが地域の利益のために最も重要な力となった」と述べ、インドにとってクアッドはさらに重要になったとの認識を示しました。

小寺　アメリカのメディアの反応はどんなものでしたか？

榊原　6月17日のエコノミスト誌は、「アメリカの新しい友人（サブタイトル：インドは西側が好きではないが、それでもアメリカは必要だ…）」と題する巻頭コラムを掲げ、今回の首脳会談は「21世紀で最も重要な取引になるだろう」と結んでいます。

2023年6月に開催された米印首脳会談のモディ首相とバイデン大統領

小寺　そのとおりという認識でしょうか。

榊原　まあ、そうでしょう。米印関係にあって「最も重要な取引」だったという部分には同感します。インドはどこの国とも同盟関係はつくらないというのが基本です。それでも米印関係は、Quasi（ほぼ）同盟関係へ入ったのではと私は考えています。もしそうであれば、歴史的会談だったということだろうと思います。

モディ首相が政権にある限り、インドが上海協力機構やBRICSに参加しても、キーワードとして「戦略的自律性外交」を念頭に置き、冷静に世界を見ていられるという見方でいいのではないかと思います。

小寺　いずれにしても今回の米印首脳会談は、非常に大きなインパクトをもって終わったということになります。

まとめ

▼世界の合計特殊出生率比較。
▼高速道路網、港湾施設、鉄道建設などでは課題は残る。
▼経験を必要とする中間層のインフラ系エンジニアが不足。
▼意外と進んでいない日用品などの国産化（安い中国品依存）。
▼「VISION OF INDIA」 2047年のインド独立100年にインドが見る未来とは？
▼「中所得国の罠《わな》」を乗り越えられるか。
▼インドを取り巻く地政学的問題、対中国（インド包囲網）、対パキスタン。
▼ウクライナ問題とロシア産原油の行方。
▼インド外交の「したたかさ」。インドは中国を軸とした「上海協力機構」、中・露中心のBRICS、アメリカ中心でより安全保障的意味合いの強いクアッド（QUAD）、グローバルサウスに加盟。
▼2023年6月のモディ首相・バイデン大統領首脳会談は歴史的会談になった。

最終章

インドの未来を拓く若者たち

日本は、日本人は、インドとどう付き合うべきか

榊原　日本企業は戦後から今日まで多くのアジア諸国へ進出して多くの成功も収めてきました。しかし、それはどういう形で行われてきたかを、ここで改めて考え直す必要があると思います。

というのも、これまではおそらく日本の優れた技術やサービスを教え、提供してあげるという、いわば上から目線のアプローチをしてきたのではないかと考えるからです。われわれは日本の提供するものに対する絶対的な価値を信じていたし、受ける側の諸国もその価値を評価していたに違いないのです。しかし、それはインドでは通用しないと考えることが大事です。

小寺　まったく同感です。

榊原　インドは多様化した国というよりも、インド自身がひとつの独立した世界と考えたほうがよいかもしれません。14億の人口で巨大市場を形成すると同時に、日本の人口をはるかに超す数の貧困家庭が存在し、けた違いの富豪もいます。

ディアスポラとなった優秀なインド人たちは世界に広がり、政治家、弁護士、医師、経

営者、エンジニア、商人となり、蜘蛛《くも》の巣のように世界中にそのネットワークを広げています。

小寺　そのディアスポラの考え方は、先ほども話したとおり、ロジックが何よりも優先されます。それに対して日本人はほぼ真逆で、心情（センチメント）が先に立ちます。ですから日本人というのはそもそも交渉事には向いていない。

榊原　そんなことを言っていたら前には進めません（笑）。

小寺　進もうと思ったら、相手を知ることです。

私はよく若い人たちに「好奇心なしには前には進めない」と言っています。でも好奇心は生まれながらに身についているものではないので、好奇心を持つ訓練をすればよいのです。

榊原　どうやって身に付けるのですか？　小寺流を伝授ください。

小寺　見るもの聞くものすべてに対し、まずはそれらをあるがままに受け入れる訓練をすることです。そうすると、知ることが好奇心につながっていきます。

インドに関してもそうです。カレーは嫌いだとか言わずに、まずは食べてみる。このスパイスは何だろう？　なぜスパイシーなものが食べられているのだろうか？　などと、どんどん疑問がわいてきます。
ですから、若い人たちにはぜひ外の世界を見に行ってほしいと思います。見れば、自分が変わります。自分が変われば、相手を理解することも容易になります。
インド人は島国に住む日本人には、なかなか理解しがたい世界観を持った人々です。
榊原 逆にディアスポラになったインド人は否応なしに外の世界を見せつけられて、自分が生き延びるために相手を知り、相手に勝つには西欧流のロジックで勝つしかないと考えたのでしょう。
小寺 同感です。そういう意味では、インド国内の政治家や経済人も同じなんでしょう。長い間の植民地支配や貧しい時代を生き延びるなかで、強靭《きょうじん》な生命力を養ってきた。そしてひとたび改革の方向に舵を切れば、それを遂行する人々の力とスピードはどこの国より速く、徹底しています。
榊原 だから、この国に何かを教えてやろうというようなアプローチでは失敗します。インドは、種さえ撒《ま》けばあとは自身の栄養素でどんどん大きく育つ植物のようなものです。
小寺 先だって10年ぶりにインドを訪れてそのことを実感しました。元部下の夫婦とその大学時代の友人夫婦と私の5人で、私が昔仕事でよく訪れていたケララ州に旅行したのですが、まず彼らはとにかくよくしゃべるんです。

議論が大好きで、その様はまるで映画を観ているようです。かといって、ヒートアップすることもなく、おしゃべりが彼らの大事なエンターテインメントらしいのです。しかし、会話は何も考えずにはできないですから、日ごろの仕込みが必要になってきます。インド人のパワーと知恵の源泉は、この「おしゃべりにあり」と感じました。

榊原　ニューヨークの国連ビルでは、「インド人を黙らせることと、日本人にしゃべらせることは同じように難しい」と言われているらしいです（笑）。

ま、これは冗談ですが。ということは、インドで成功しようと思ったら重要なのは、まずは日本人のおしゃべりの好きな人材の発掘ですかね。そしてインド人の持つアイデアやパワーが発揮できる環境を用意する。もちろんホンダやソニーのように、インド人に負けない愛情をインドに傾けることができる人材をつくることでもよいでしょう。

日本人が変わらなければインドの力は活用できない

小寺　ちなみに面白い調査結果があります。日本財団が２０２２年に行った調査「18歳の意識調査」です。

「自分の行動で国や社会を変えられると思うか？」という設問に対して、インドの若者は78・9％がイエスと答えていて、中国やアメリカよりもダントツに高い数字です。日本はなんと最低の数字で26・9％でした。

榊原さん、これについてどう思われますか？

榊原 インドの若者の79％は自分の行動で国や社会を変えられると思っている。その同じ質問に対して、日本の若者は27％しかイエスと答えていない。

インドで仕事を行うとして、どちらの国の人に仕事を任せたいと思うだろう？

答えは歴然です。インドに進出したいと考える企業のトップには、ぜひこのことを念頭に置いてほしいと思います。

ただ、2024年2～3月の同調査では、同じ質問に対してインドが80・6％、日本が45・8％となっており、日本の若者の意識も少し変化が見られることは嬉しいことですね。

小寺 一般的に日本の企業は海外進出をするに際し、とても慎重であると同時に、現地の外国人に仕事を任せようとしません。

1990年代は日本企業がインドネシア、マレーシア、ベトナムあたりへ工場シフトを行っていた時期で、どの国も最初は日本からの視察団を大歓迎してくれました。ところが何年経っても視察団は来るけど、投資の決定はしない。そのうち、「見るだけの日本企業」と揶揄《やゆ》されて、歓迎もされなくなりました。

榊原　そうしてモタモタしているうちに、韓国やアメリカの企業が先に乗り込んでいったわけです。その後の時代になると、今度は中国企業が市場を席捲《せっけん》してしまった。

ですからインドに関しても「これからはインドだ」とは言ってみるものの、多くの企業は大視察団をインドに送って石橋を叩いてもなかなか渡らない。同じような所業を繰り返すだけかもしれません。

小寺　私もその光景が目に浮かびます。

そして進出するとなると、大人数の日本人駐在員などを送り込む。でも駐在員を送る費用はバカになりません。ローカルの人間にいかにうまく働いてもらうかがカギになります。とくにインドではそこが重要なポイントです。

ＩＴのアウトソーシングのところでも述べたとおり、インドにはインド人なりのやり方があるのです。そこを無視して日本流のやり方を押し付けてもうまくいかないでしょう。

東南アジアや中国ではそのやり方で何とかなっても、インドでは無理。世界的に見れば、日本式の経営手法のほうがマイナーであることを知らないといけません。

榊原　先に述べられた「ハイコンテクストとローコンテクスト」の話です。

小寺　それと、インドにはジュガール（Jugard）と言う独特の発想があるので、これも大事な要素です。ジュガールというのは日本語訳が難しいですが、「なければないで何とかしてしまう」というような意味です。ないものねだりをしても仕方ないので、あるもので代用する。インド人の昔からの知恵です。

榊原　その考え方はマハラジャの時代から数百年にも渡って身に付いた考え方ですから、無視できません。何かトラブルが発生したとき、新たな環境を望む前に、今ある条件のなかでなんとか問題解決を図る。インド人とお付き合いをするときは、そういう発想力があることも理解しなくてはならない。

小寺　ＩＴの世界は常にイノベーションが起きています。インド人はそのソリューション技術を無意識に身に付けていると言ってもよいでしょう。

榊原　英語社会では、「ハック」（うまくやり抜く）というのがそれにあたるそうです。経営技術としてジュガールを取り入れる企業も世界中で出てきていると聞きます。

インド人を社長にして成功

小寺　また、ソニーのときもそうだったのですが、アジアや中南米などの子会社はみんな日本人の社長でたらい回しするんです。今思うと、あの発想が良くない。

　日本人社長を置いた時点ですべてのオペレーションが日本風になってしまい、発想の転換が難しくなります。もちろんローカルの人たちのモチベーションも上がりません。

榊原　日本企業が海外子会社の社長を日本人にするのは、なによりも本社とのコミュニケーションが大事だからということでしょう。そういう本社とのヒモ付きのオペレーションが重要と考える時点でダメですね。それに先ほどから言

ソニーインディアのインド人社長（中央）と日本人幹部スタッフ

っているように日本スタイルのオペレーションが世界のどこでも通用すると考える驕《おご》りみたいなものがありませんか。

基本的に発想が常に中央集権的で分散型の発想ができないので、とくに海外オペレーションには向いていないのではないでしょうか。

小寺 ちなみに今、ソニーインディアはインド人社長がやっていてとても成功しています。今回、その彼ともいろいろ話をしました。別れ際に私は、「本社がビックリするようなビジネスを提案をしなさい。インド人だからこそできる提案というものがあるはずだ」「日本人上司に好かれるような存在になってはダメだ」と言ってきました。

榊原 結局、日本の経営者の考え方が変わらなければ、インドに進出しても成功は覚束ないということなんでしょう。

インドの近未来は大変明るい。何とかインドにビジネスチャンスを広げたいと思っている企業は多いでしょうから、インド進出をお考えになっている経営者には、ぜひとも自社がこれまでやってきたやり方が本当にインド（のみならず欧米やアフリカでも）で通用するのかを考えてほしいのです。

この際、自社の構造改革までも考えた上でインド上陸作戦を考えたら、これは面白くなるのではないでしょうか。

世界最大規模の民主主義総選挙

小寺　この対談を行っている最中にインドの総選挙が行われました。5年に1度の下院選挙で、543の議席をめぐっての戦いです。選挙期間は4月19日から6月1日までの44日間。6月4日に一斉開票となりました。今回は2014年から続いているモディ政権に対する信任投票という意味合いがありました。

榊原　下馬評では政権を率いるBJP（インド人民党）中心の与党連合が単独過半数を超えると言われていたが、結果はまったく予想を裏切り、与党連合の大敗でした。政権は維持したものの、議席数を大幅に減らしました。

小寺　モディ政権は過去10年にわたって政権を維持してきました。今ほど国民の信任を厚くしている時期はないと言われるほどの安定ぶりなのです。

とくに評価されるのが経済政策。外国からの投資を呼び込み、経済のさらなる自由化による外貨の獲得。それによる税収増、それが貧困対策へと回され、新たな消費拡大を生む完全なポジティブスパイラルが回り始めている。何よりも国民がこの経済の好循環を肌で感じているようです。
　何度も言いますが、アーダール（国民ＩＤ）と全国民の銀行口座開設が国の運営をシンプルかつ容易にしました。その効果を国民が受け入れているという感じは街を歩いているだけで感じられました。それだけに今度の総選挙の結果には驚いています。

榊原　モディ首相は外交面でもうまく立ち回り、その存在感を内外に示しています。ネルーも外交では非同盟を貫き、世界中から高く評価されましたが、モディの外交手法とは本質的に異なります。

小寺　そうですね。ネルーの時代は東西冷戦のまっただなかで、世界中の諍《いさか》いの根底に冷戦構造がありました。ネルーはそのどちらにも与《くみ》さ

2024年総選挙で遊説するモディ首相

ないという、いわば消極的非同盟でした。

しかし、現在の世界情勢はもっと複雑で血なまぐさい。実際ウクライナでも、パレスチナ（ガザ地区）でも、スーダンでも、大勢の人間が一度に命を落とす凄惨《せいさん》な戦争やジェノサイドが起きています。

またアメリカや旧ソ連だけがスーパーパワーであった時代と違って、今はパワーの分散がある。米・中に加えてEUやロシアの力もある。産油国は富を誇り、イスラエルや北朝鮮は露骨に軍事力を誇示する。そしてグローバルサウスと呼ばれる国々も声高に自己の利益を主張する。

そんな世界情勢のなかにあって、現在のインドはどちらにも与しないというよりは、どの勢力も手玉に取る力と技を身に付けているように思われます。

榊原　モディ首相はG20の議長国として宣言をなんとかまとめたり、COP26で新たな提言を出すなど、世界の注目を集めることにも成功しています。

小寺　グローバルサウスの中心的存在にもなって中国をけん制し、アメリカはインドを自陣に組み込むどころか、明らかにインドが自分たちと袂を分かつことを恐れているようです。

榊原　モディ首相がこのような強気の外交を行えるのも、インドが経済力をつけて近いうちにドイツと日本を抜いてGDP世界3位の大国になることが見えているからでしょう。

モディ首相の死角は強権的政治姿勢と宗教的偏向性

小寺　経済的成功が国内政治にも外交にもうまく働いているモディ政権でも、死角がないわけではないと見ます。それは彼の強権的な政治姿勢です。それが、今度の総選挙の結果にも表れたという気もします。

榊原　世界を見渡すと現在は強権的な政治を行うリーダーが以前より多くいると感じられる。トランプ（前米国大統領）や習近平を例に出すまでもなく、プーチン、ゼレンスキー、トルコのエルドアン、サウジアラビアのムハンマド皇太子などは、絶対的な国民の支持を背景に強権的な政治を行っているように見えます。ある意味、強権的だからこそ、彼らが理想とする国の形をつくりやすいのかもしれないが……。

　そういう意味では、最近のモディ首相もヒンドゥ至上主義的な動きが見えますね。これも、小寺さんには、危険な兆候と映るのかな。

小寺　はい、そう思います。今まではモディは首相になって以来、BJPのヒンドゥ至上主義的な部分を隠してきましたけど、やはり選挙を前にすると衣の下に鎧《よろい》が見え隠れするようなことも起こっています。

前述したとおり、最近ではカナダに亡命したシーク教徒指導者の暗殺に関わる問題でカナダ政府との関係が悪化していますし、同様の問題でアメリカとも摩擦を起こしています。

また最近、モディの指示でヒンズー寺院が建立されたアヨーディアという町があります。そこはもともとイスラム教寺院があって、それをヒンズー教徒が破壊したという歴史のあるところです。そこにヒンズー教の寺院を建て、そのお祝いにモディ首相自らが行って祝辞を述べたのです。ちょっとやり過ぎです。私の目には過激派をわざわざ目覚めさせているようにしか思えないのですがね。

榊原　しかし、その国内政策のほとんどが、結果として国民にとっては大変良い成果をもたらした。何よりも国民にとって、貧困からの脱出がいちばんの恩恵だったでしょう。

小寺　彼の危険性をはらんだ政策はもっとあります。イスラム教徒の多いジャンムカシミール州の自治権をはく奪したのもいただけません。宗教対立をあおる言動が最近目に余るよう思います。

榊原　残念ながら、そこは同感です。その理由をどのように分析されますか？

小寺　彼の率いるヒンドゥ至上主義政党であるＢＪＰの本質なのか、選挙のためのヒンドゥ教徒向けのメッセージのためなのか、私にはよく分かりません。でもわれわれ外部者にはそこが危険だと映ります。

榊原　「そこまでしなくても、十分に国民の支持を受けているではないか」と言いたいところです。マハトマ・ガンジー、インディラ・ガンジー、ラジブ・ガンジーの３人のリーダーが、いずれも宗教がらみで暗殺されてきた歴史のあるインドです。なおさら心配になります。

ただ総選挙後も、政財界のモディ首相への信頼は揺らいでいないと私は見ています。

学生に向けたモディの演説がすばらしい

小寺　モディは考え方も実行力もすばらしい上に、発信力にもたけています。２０２３年12月、彼は全国の大学生に向けてこう語りかけました。

「１９４７年、我々は自由を手にするという崇高な目的の下に闘って独立を勝ち得た。そして今度は独立後１００年を迎えるにあたって、インドが先進国の仲間入りをすることを明確な目標として闘いに挑む。今日までの先進諸国の歴史を見れば、どの国も進歩は緩やかな伸びの連続ではなく、どこかの時点でクォンタム・リープ（量子的飛躍）を経験しています。西欧における産業革命がそれにあたります。

そのクォンタム・リープがたった今インドで起ころうとしている。君たちは今日その現場にいることを忘れないでほしい。

そして自分がインドの発展のために何ができるか、第一人称（I）で考えることが重要だ。誰かがとか皆でとかではなく、INDIAのI（自分）が何をすべきか考えてみよう」

（https://pib.gov.in/PressReleaseIframePage.aspx?PRID=1985077）

どうですか。大変格調高く、熱意もこもっています。

榊原　この演説を聞いて奮い立たない若者はい

インドの若年失業率（15〜24歳）

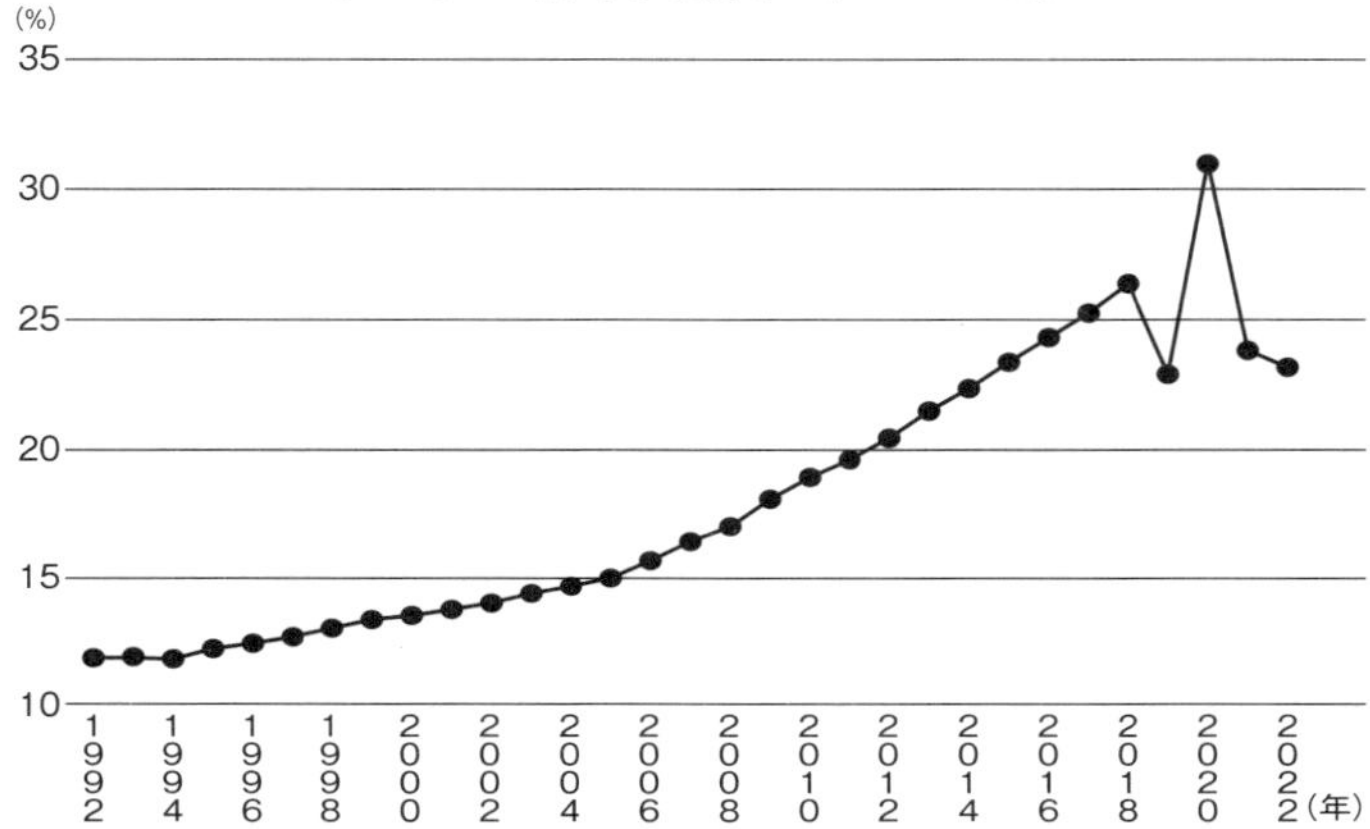

出所：世界銀行　インドの若者は高学歴ほど失業率が高い。

ないでしょう。

小寺　インドの今の若者には、モディ首相の言葉はストレートに入ってくるでしょうね。インドの輝かしい未来が信じられるかもしれません。

とはいっても、インドにも問題は山積しています。とく若者の失業率が深刻です。これは早急に手を打たないといけません。

榊原　国際労働機関（ＩＬＯ）の報告書によれば、若者の失業率は教育水準とともに上昇し、２０２２年の失業率は中等教育以上の若者で18・４％、大学卒業者では29・１％にのぼっています。高等教育を受けた若者ほど失業率が高いのは深刻な問題で、憂慮すべき事態です。でも今のインドの持つ潜在的能力がいずれこの問題も解決に導くでしょう。

インド人学生と集う日本人研修生　提供：タイガーモブ株式会社

ま と め

▼上から目線のアプローチはインドでは通用しない。

▼自社の構造改革までも考えた上でインド上陸作戦を考える。

▼インドはGDP世界3位の大国になる。

▼「十八歳の意識調査」に見る日本とインドの青年の違い。

▼日本が変わらなければインドの力を利用できない。

▼モディの大学生に対して行った演説がすごい

あとがき

インドの総選挙の結果に思うこと、インドの未来に思うこと、次代を担う日本の若者たちへ伝えたいこと

44日間に及ぶインドの下院の総選挙が終わり、6月4日から開票が行われました。榊原英資さんとの対談が行われていたころのインドの報道では、モディ首相の率いるインド人民党（ＢＪＰ）が圧勝し、単独過半数を3期連続で維持するだろうと言われていました。選挙中の出口調査でも同様に「圧勝」と出ていたのです。

しかし開票結果は選挙前の予想に反してＢＪＰは単独過半数を得ることができずに、それでもかろうじて連立政権は維持する形になりました。結果は総数５４３議席に対してＢＪＰは２４０議席、選挙前の３０３議席から63議席も落としてしまいました。

インドの景色は選挙前と後ではガラッと変わってしまった。インドの著名な女流作家のソメヤ・ラジェンドランが勇敢にも、このような投稿をしています。

「昨日は奇妙な一日だった。勝利を悼《いた》む人々と、敗北を祝う人々。しかし、何が危機に瀕《ひん》しているのかを知らなければ、それは奇妙なことでしかない。ＩＮＤＩＡブロック（野党

連合）に投票したすべての人がラフル・ガンディー（国民会議派議長）のファンというわけではない。彼を野党連合から得られる最高の首相だとは思っていない人も多いだろう。しかし、昨日の選挙速報の結果は、モディ神話を打ち砕くものであったため、やはり喜ぶべきものであった」

ニュース画面には〝負けた〟側の国民会議派（コングレス）の幹部が小躍りして喜ぶ姿が映し出されていました。何とも不思議な光景です。

これをどう理解すべきなのでしょうか。

まず、メディアの出口調査がいい加減なのか。いや、それともメディアのＢＪＰに対する忖度《そんたく》なのか、それとも選挙期間中に有権者の投票行動に影響を及ぼすような事件でもあったのであろうか。おそらくその理由のどれもが当たっているかもしれません。

出口調査の信頼度についてわれわれが日本にいて判断をする材料はありませんから、メディアの忖度は気になるところはあります。

選挙が始まる前の２月ころに行われた世論調査でＢＪＰの圧勝と報道されていたことを考えれば、実に驚きの結果とも言えます。もしかしたら、その調査や数字の取り方でメディアの忖度があったかもしれません。少なくともそう思われても仕方ない空気がメディア界に流れていたとの推測もできましょう。

モディ政権は国会で圧倒的多数を占めた2期目に入ってからは、より強権的な政治手法を取り、時にそのヒンドゥ至上主義的な顔を隠さなくなっていました。とくにイスラム勢力に対しては露骨でした。

彼らの既得権、たとえばジャンムー・カシミールの自治権を憲法改正によって奪ったり、ヒンズー教徒によって破壊されたイスラム寺院（1992年のアヨーディア事件）のあった跡地にヒンドゥ寺院を建立するなど、少数宗派保護のために決められていた民法上の特権が改変され、インドはイスラム教徒（国民の約14％）には次第に住みにくい国になっていったのは明らかです。

私も、たまたまアヨーディアのヒンドゥ寺院の建立のお祝いの時期にインドに滞在していて、1か月間にわたるそのお祝行事を目の当たりにしました。北部インドの街では、新聞もテレビもそのニュースにあふれ、一種異様な雰囲気を醸し出していました。またその中心には常にモディの画があり、これはあからさまな選挙の事前運動ではないのか、ここはどこかの独裁国家だろうかと、外国人の私でさえ思うほどでした。そこにあからさまなメディアの忖度《そんたく》というものも感じ取ることができました。

ただ、選挙期間中にも政敵に対するいやがらせや閣僚の傲慢《ごうまん》な発言など目に余るものがあったと冷静な見方をする有権者も少なくありませんでした。44日間も選挙戦をやっていればメディアの忖度はあっても、そのような話題が表面に浮き上がってきて情勢が変わることも十分にあり得るでしょう。それらがあいまって長い選挙期間中に票が大きく動いたのかもしれません。

もちろん今回の選挙結果に影響を与えた要因として、貧富の格差の問題とか好調な経済の陰に隠された若者の失業率の高さなどの問題も挙げられると思います。しかしインド経済は昨年（2023年）も実質8・2％の成長を記録しているわけですから、貧富の差や失業率の問題は、成長過程で起きる一時的な成長痛みたいなものでしょう。

それよりも、やはり宗教間対立をあおって選挙戦を勝とうとする、インドのいわば伝統的な手法がみごとに裏目に出たと言うべきではないか。奇《く》しくもモディが対立してきたコングレスのインディラ・ガンジー元首相と同じ手法を使ってしまったといえないでしょうか。

とはいえ、今回の選挙でこのような結果になったことは、あながち悪いことではないような気がします。何よりも、インドの選挙民が「行き過ぎ」を制御しようとするバランス感覚を持っていたとも解釈できるからです。これぞまさに、「民主主義国家の証《あかし》」と私は考えるのです。

同時に、インドの持つ多様性が宗教やジェンダーの領域に限らず、最も政治的なイベントである選挙に表れてきたことを評価したいのです。あれだけモディの露出が多くとも、インドには数々の地域政党やコミュニティがあり、一筋縄では総選挙には勝てないことを今回は示しました。

いずれにせよ、ＢＪＰは、現在と同じ枠組み、国民民主同盟（ＮＤＡ）という形でヒンドゥ系の地域政党2党と連合を組み、連立与党を引っ張っていくでしょう。それは、地域政党がキャスティングボートを握ることも意味しますから、今後、無理な政策を推し進めることは難しくなるかもしれません。それもまた、モディ政権が宗教色の濃い路線を歩まず、抑制的な政治を行うことを意味するのであれば、この総選挙の結果は、まあまあ良かったなとも思うのです。

前述のラジェンドラン氏もこう言っています。

「今後は自国民（イスラム教徒）を『潜入者』と呼んだり、どんな反対意見も耳に入らないモディにはならないだろう。謙虚なモディになるだろう。耳を傾けなければならないモディになるだろう。政治学では、この出来事をピープルパワーと呼ぶ」

私も、そう思います。しかし今回の選挙結果がどうあれ、モディ政権の行ってきた経済政策は続けられなければならないし、実際続くであろうと確信します。

経済格差の問題。これは新興国が急激な経済成長をとげる過程で必ず経験しなければならない道程です。なぜなら、その初期段階において国の先進的な部分が巨大化し、全体を引っ張っていくという形を取れば、必然的に貧富の差が生じます。デジタルトランスフォーメーションにより思い切った改革をやろうと考えれば、必ず反対勢力も出てきます。

そして若年層の失業問題。とくに高学歴の若者ほど失業率が高く、これは急激な都市化に起因しているかもしれません。国の急激な発展ゆえに、教育インフラが進学率の上昇に追いついていない。高学歴ではあるものの、その内実が人材需要に追いついていないとの指摘もあります。

このような問題（強権政治、貧富の差、若者の高失業率）は、いずれも中国がこの30年間にわたって経験したことと酷似しています。中国は一党独裁の国家であり、これらの問題を力で抑えてきました。そのやり方は今後も変わらないでしょう。インドは、世界最大の民主主義国という基盤の上で、これらの問題をどう解決していくのか。たとえようもない壮大な実験ですが、成功を収めることによって他の新興国の範とならなければならないと考えます。

さて、インドに数年のうちにGDPで抜かれる日本は、インドにどう向き合うべきなのか。とくに、若い世代の人たちにできることは何かを少し考えたいと思います。

インドが「VISION OF INDIA」で示した独立100年の年2047年まで、あと23年。そのとき、今日本の20歳の若者が43歳になり、この国の政治や経済を動かす原動力になっているはずです。この20歳の若者は何を考え、どう行動しようと考えているのでしょうか?

23年後の世界は、今よりもっと世界の人口は爆発的に増え、各国の国力も変化し、価値観も変わり、好むと好まざるとにかかわらず、さらにグローバル化が進んだ地球が存在するでしょう。そのころ、日本の人口は一億人ぐらいになり、GDPも今の3分の2ぐらいになっているかもしれません。日本人の平均年齢が55歳ぐらいになり、ひと昔前だったら定年を考える年齢が日本人の平均年齢になっているかもしれません。

そんな老齢化し、縮こまった日本に未来はあるのか。そうではなくて、もっと明るい日本をつくり出せないだろうか。そんな日本をつくり上げるために自分にも貢献できることがあるのではないか。そうしたポジティブなことを若い人には考えてほしいのです。

そして、それを考える上で、ひとつ若い人にできることがあります。

「今、自分がインドに行ったら何ができるか？」

その答えを出せるか否かで、あと23年後の世界でも自分と国が成長をとげていられるかどうかが分かると思います。私がなぜそう考えるかの根拠として、一人の20代の日本人女性の生き方を紹介します。

仮にAさんとしましょう。彼女は大学に入学したときから自分が自立した大人になれるかどうか心配だったそうです。将来、漠然と教師になりたいと思って教職課程に進んだものの、勉強にも身が入らない。そこで思い立って留学しようと考えた。今の日常とは違う世界があるのではないか。何とか親のコネを使い、タイの大学に留学できた。タイを選んだのはとくに理由もなく、入学が簡単そうだったからです。

入学した学部はすべて英語で行われる授業で、さまざまな国から留学生が集まっていた。しかしAさんはもともと英語が苦手。「行けば何とかなるだろう」と思っていたけれど、そんなことはなかった。それでも外国人たちの輪のなかに身を置いて会話を楽しむふりをしていたところ、あるときドイツ人の学生仲間に言われた。「君は相槌を打っているが、全然俺たちの話すことを理解していないだろう！」

それ以来大学の授業も毎日の暮らしも、苦痛以外の何物でもなくなりました。いつしか自分の居場所が教室にも学外にもないことをさとり、大学を去ることを決めた。Aさんの自分改造計画は失敗に終わったのです。このまま日本の大学を出てどこかの教職を得ることはできても、やはり自立はできていない自分が見えてしまう。

そう悩んでいたときに海外インターンシップの話を友人から聞いた。タイの留学では自分を追い込んだとは言えない、自立の入口にも立てなかった。それならば仕事環境のなかに自らを放り投げれば、否応なしに自分の殻を捨てざるを得ないだろう。しかも友人はこうも言った。

「インドに行ったら、人生観が変わるよ」

そう聞いて、行く先をインドと決めた。

インドの会社から与えられたアパートはベッドと机とシャワー以外に何もなかった。何もないことで自分と向き合い、甘えを捨てることができた。何もないことが実は良い環境となり得ることが分かった。

次に、何かを成しとげようと考えても紙とペン以外は何もないし、ない物ねだりも許されないから、とにかくのたうち回って答えを出す。答えが出なくても中途半端でも進むことを覚える。できない理由は山ほどつくれるが、誰もそれを聞いてもくれないから、どうにかする方法を考える。これがまさにインド人の得意な「ジュガール」(なんとかする)の考え方だ。

そして、幸せの沸点が低くなる。頼んだものは来ない。約束した人は来ない。注文どおりの料理が出てこない。そんなことは当たり前。そんななかで小さな成功が喜びとなる。1週間に1日だけでもスモッグのない青い空が見られると、感謝の気持ちがわいてくる。これが幸せの沸点が低くなる所以《ゆえん》である。

また、隙間《すきま》だらけの窓からホコリが入り込み、部屋が真っ白になる。ちょっと雨が降れば道は泥川化する。犬に嚙まれたら狂犬病になる。これが自然のなかで生かしてもらっているということか。不便さが、人間らしさを取り戻させてくれるのだ。

気が付けば自分もレストランに行ったときにはメニューにない料理を頼んだりしている。それってインドでは普通で、みんなダメ元でトライする。自分もいつの間にか図々しさの精神に磨きがかかっていた。

２年間のインターンシップの経験で確かにＡさんは人生観を変えた。あのタイの大学の教室の隅に縮こまっていたＡさんとは大違いだ。Ａさんは帰国後教職にいったん就くが、もっと自分の経験を自分より若い人たちに経験させようと思い立ち、現在は海外インターンシップの紹介をする企業に勤めている。

現在のインドは、この時代よりも多少、便利さも備えているようになりました。でもインド人の持つスピリットは何も変わっていないでしょう。インドはわれわれ日本人がとうの昔に失ったスピリットを今もなお、持ち続けています。そのパワーがＩＴ先進国と呼ばれるようになった現在も、インドを動かしているのです。

これからはインドが政治的にも経済的にも、日本の重要なパートナーであると考えます。本書の中で何度も語っているように、インドとお付き合いするにはまず日本自身が考え方を変えなければなりません。同時に人はタフネスとレジリエンス（復元力）を備えないとインドでは闘えないのです。

ここに紹介したＡさんがそうしたように、時に応じて頭の切り替えができるかどうかが重要です。とくに若い人たちには、インドに飛び込んでいろいろな経験をしてきてほしい。きっと人生で最も大切なものを学ぶ良い機会になると思います。
私も、榊原さんも、そうした願いを込めて、本書で「インド」を語り合いました。ぜひ、ご一読ください。
末尾となりましたが、本書を上梓《じょうし》するためにご協力していただいた次の皆さんに心より感謝を申し上げます。
一般財団法人インド経済研究所 理事　菅谷弘さん
一般財団法人インド経済研究所　主任研究員　吉田篤司さん
在カナダ　アニル・セティ（Anil Sethi）さん
在インド　ディーパク・マンチャンダ（Deepak Manchanda）さん
在日本　サッティヤパル・メノン（Satyapal Menon）さん
ノンフィクションライター　斎藤一九馬さん
ありがとうございました。

２０２４年8月　**元ソニーチャイナ会長　小寺圭**

著者プロフィール

榊原英資（さかきばら・えいすけ）

1941年、神奈川県生まれ。東京大学経済学部卒業後、大蔵省入省。国際通貨基金、ハーバード大学客員准教授、日本輸出入銀行など経て97年大蔵省財務官、99年退官。 同年、慶應義塾大学教授、早稲田大学教授、青山学院大学特別招聘教授を経て、2020年に一般財団法人インド経済研究所理事長就任、現在に至る。著書に『インドIT革命の驚異』（文春新書）、『年金が消える』（中央公論新社）、『榊原英資　インド巨大市場を読みとく』（東洋経済新報社）、『インドアズナンバーワン』（朝日新聞出版、編著）、『日本は没落する』（朝日新聞社）、『世界を震撼させる中国経済の真実』（ビジネス社）、『幼児化する日本は内側から壊れる』（東洋経済新報社）など多数。

小寺圭（こでら・けい）

1946年、東京都生まれ。東京外国語大学インド・パキスタン科卒業後、貿易会社、外資系自動車会社を経て、1976年ソニー（株）外国部中近東課に勤務。UAEに６年間駐在の後、海外営業本部中近東部長、アジア部長、アジア・マーケティング・カンパニー社長を経て海外営業本部長に就任。その後、ソニー・ヨーロッパ社長、ソニー・マーケティング・ジャパン・インク社長、ソニーチャイナ董事長を歴任後2006年ソニー（株）退社。その後日本トイザらスCEOを経て（株）チェンジ監査役など数多くのベンチャー系企業の社外取締役、筑波大学客員教授などを歴任。現在タイガーモブ（株）取締役。著書に『へこむな、この10年が面白い』（風雲社）、『戦乱商人』（カナリアコミュニケーションズ）などがある。

写真提供／シャッターストック
Alamy Stock Photo/amanaimages
Pictures From History / Avalon/amanaimages
小寺圭

超大国インドのすべてがズバリわかる！

2024年9月12日　　第1刷発行

著　者　榊原　英資
　　　　小寺　圭

発行者　唐津　隆
発行所　株式会社ビジネス社
〒162-0805　東京都新宿区矢来町114番地
神楽坂高橋ビル5階
電話　03(5227)1602　FAX　03(5227)1603
https://www.business-sha.co.jp

カバー印刷・本文印刷・製本/半七写真印刷工業株式会社
〈装幀〉中村聡
〈本文デザイン・DTP〉茂呂田剛（エムアンドケイ）
〈営業担当〉山口健志　〈編集担当〉斎藤明（同文社）

ISBN978-4-8284-2659-4

世界を震撼させる中国経済の真実

榊原英資……著

定価１１００円（税込）
ISBN978-4-8284-1843-8

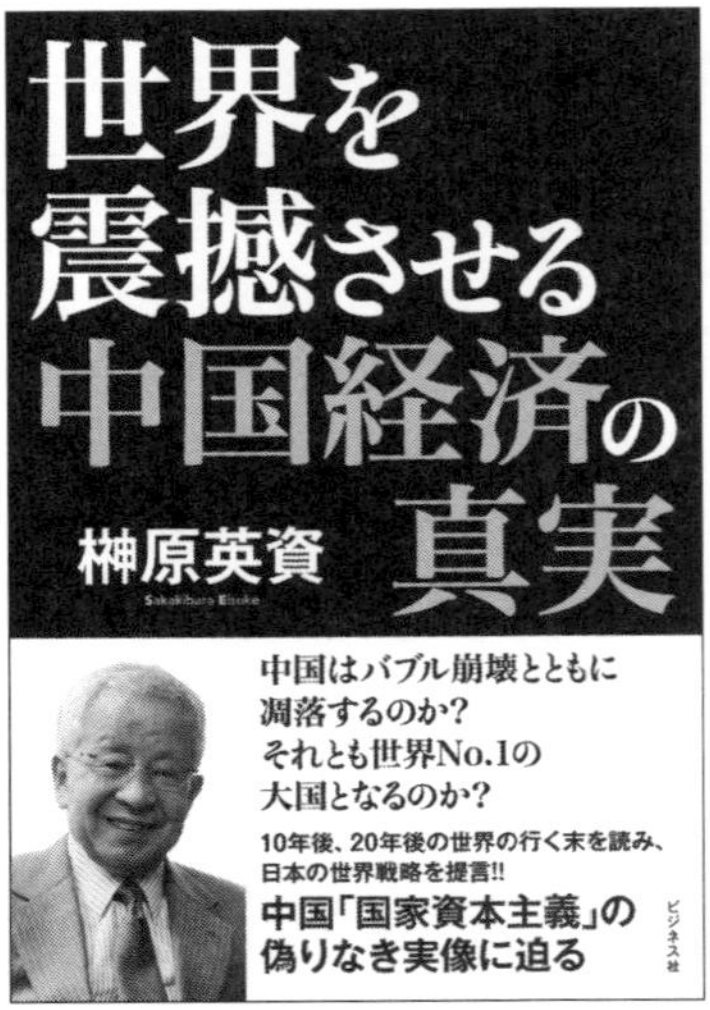

中国はバブル崩壊とともに凋落するのか？

「ミスター円」が、中国の政治経済統制、AIIBや人民元の将来、経済統合など日本が懸念する「真実」を伝える！

中国の「国家資本主義」の偽りなき実像に迫る！

10年さらに20年後を読み解き、日本のこれからとるべき世界戦略を提言する!!